Christian Büttner (Hrsg.) · Zauber, Magie und Rituale

CHRISTIAN BÜTTNER
(Hrsg.)

Zauber, Magie und Rituale

Pädagogische Botschaften in Märchen und Mythen

KÖSEL

CIP-Kurztitelaufnahme der Deutschen Bibliothek

Zauber, Magie und Rituale : pädag. Botschaften
in Märchen und Mythen / Christian Büttner (Hrsg.). –
München: Kösel, 1985.
ISBN 3-466-30278-1
NE: Büttner, Christian [Hrsg.]

Gesamtherstellung: Kösel, Kempten
Umschlag: Günther Oberhauser, München, unter Verwendung einer
Illustration von George Cruikshank, Brüder-Grimm-Museum, Kassel
ISBN 3-466-30278-1

Inhalt

Zur Einführung

Es scheint mir nicht zu weit hergeholt, eine Friedenspolitik als Wahnsinn zu bezeichnen, die mit Abschreckung, Drohungen, militärischen Eskalationen, dem Bereitstellen immer perfekterer Massenvernichtungsmittel und zugleich mehrfachem Overkill operiert. Selbst wenn sich die apokalyptischen Kriegsvisionen, die sich mit einer solchen Politik verbinden, nicht erfüllen sollten, bleibt uns immer noch die Umweltkatastrophe, die Bedrohung des Überlebens im Frieden. Die Art und Weise, wie politisch mit unserer Sicherheit in Krieg und Frieden umgegangen wird, und zwar offensichtlich geradezu systematisch, zwingt zu der Frage, welchen Sinn dieser Wahn eigentlich hat. Was also bewegt Politik, Politiker oder genauer: Menschen, die Politiker mit Macht ausstatten, wirklich, wenn wir nicht davon ausgehen wollen, daß wir von Wahnsinnigen regiert werden? Oder müssen wir davon ausgehen, daß die Vision des wahnsinnigen Dr. Seltsam aus dem Film »Wie ich lernte, die Bombe zu lieben« quasi ein Naturgesetz menschlicher Destruktion abbildet?

Irenäus Eibl-Eibesfeldt hat das, was ich als Wahnsinn bezeichnet habe, mit dem Verhalten von Kleinstkindern auf eine Stufe gestellt: Zwischen Staaten seien die gleichen Muster und das gleiche Wechselspiel zwischen Aggression, Beleidigt-Sein, Drohen mit Kontaktabbruch und Wiederversöhnung festzustellen, wie man es bei Kindern beobachten könne. Obgleich die Analogie Kinder und Wahnsinnige reichlich makaber erscheint, hat sie doch in meinen Augen einiges für sich: Beide gelten gleichermaßen als verantwortungslos. Zugleich legt die Analogie aber nahe, zum Verständnis dieser Zusammenhänge Überlegungen heranzuziehen, wie sie in der Psychoanalyse angestellt werden. Einmal beschäftigt sich diese nämlich als therapeutisches Verfahren aufklärerisch mit neurotischem Verhalten, also auch dem Wahn als einem Krankheitssyndrom. Andererseits bietet sie im sozialwissenschaftlichen Sinne als Sozialisationstheorie Ansätze für ein Verständnis, warum Erwachsene sich in bestimmten Situationen eher wie Kinder benehmen. Und damit kann sie sicherlich

auch zur Organisation von Lernprozessen beitragen, die ganzheitlich menschliches Wachstum fördern und gleichzeitig destruktive Energien binden.
Nun sind Psychoanalytiker bisher in keiner Weise zur Beratung oder Hilfestellung in politischen Prozessen herangezogen worden, ganz abgesehen davon, daß sie sich möglicherweise nur in Einzelfällen dafür zur Verfügung stellen würden. Auch in nichttherapeutischen Bereichen menschlichen Zusammenlebens, etwa in der Pädagogik, ist psychoanalytisches Gedankengut bisher kaum von Bedeutung. Ja, es gibt sogar nach wie vor eine ausgesprochene Skepsis gegenüber der Art und Weise, wie mit der analytischen Methode dem Unglück des einzelnen zu Leibe gerückt wird. Hier sehe ich eine Parallele in der Politik: Ähnlich wie in der Gesellschaft Aufklärung gegen den Widerstand der »Täter« durchgesetzt werden muß – ich denke hier z. B. an politische Affären – widersetzt sich auch der einzelne in der analytischen Therapie der Aufklärung über die Schmerzen in seiner Lebensgeschichte. Lieber hält er an seinem Unglück fest, anstatt die Stationen früherer Demütigung und Kränkung noch einmal zu erleben. Sicher nicht zufällig steht das Buch von Paul Watzlawick »Anleitung zum Unglücklichsein« seit Jahren auf den Bestsellerlisten.
Auch das Bewußtwerden der Wahrheit über politische Verhältnisse kann »schmerzliche« Folgen haben. Es ist nicht leicht, sich einzugestehen, daß die Welt in unmittelbarer Umgebung nicht so harmonisch ist, wie man sie gerne hätte, daß man den Staat nur allzu gerne zur guten, positiven, versorgenden und schützenden Instanz machen würde und, weil er diese nicht ist, als etwas bekämpfen muß, an dem man durch sein eigenes politisches Verhalten Anteil hat. Gegen diese Einsichten schützen eine ganze Reihe höchst subtiler Abstufungen von Abwehrvorgängen und Abspaltungen wie etwa Vorurteile, Feindbilder, Aufspaltungen des Lebens in einen privaten und einen beruflichen Bereich, Datenschutz oder andere Formen der Geheimhaltung, Verschlußsachen auf privater oder staatlicher Ebene, Spionage, Gegenspionage usw.

Vielleicht begegnet man Psychologen oder gar Psychoanalytikern mit der Angst, sie könnten im individuellen wie im gesellschaftlichen Bereich das Unangenehme, nämlich den eigenen Anteil an den Schmerzen, die sich Menschen gegenseitig zufügen oder an den Kriegen, mit denen sich Menschen wechselseitig vernichten, ans Tageslicht bringen. Darüber hinaus haftet dem Vokabular der Psychoanalyse ja selbst etwas Geheimnisvolles, Undurchschaubares, Magisches an. Da ist von Ödipus, Libido und geheimen Triebkräften die Rede, so daß man vielleicht nicht ganz zu Unrecht auf den Gedanken kommen könnte, Aufklärung durch Psychoanalyse führe eher zu einer Mythologisierung als zur Rationalität.
Mir scheint an diesem Verdacht ein Körnchen Wahrheit zu haften: Einmal nämlich gibt es Stimmen, die bezweifeln, daß die traditionelle Psychoanalyse die Mythologien* überhaupt »richtig« aufgenommen hat (z. B. Erich Fromm oder Gustav Hans Graber, die das an einem zentralen Konzept der Psychoanalyse, dem Ödipuskomplex, diskutieren). Zum anderen haben sich Psychoanalytiker angesichts der Reichhaltigkeit mythologischen Materials auf erstaunlich wenige Themen beschränkt. Es gibt nur sehr wenige Analytiker, die sich mit dem breiten Spektrum der Mythologie auseinandersetzen, sich jahrtausendealtes Wissen um die »Seele« des einzelnen – wenn auch in seinen Phantasien – und deren Konfrontation mit der »Gesellschaft« zunutze machen. Dabei kommen sie zu erstaunlichen Übereinstimmungen zwischen uralten Geschichten und der heutigen politischen Szene, auf die ich hier nicht weiter eingehen will. Vielmehr verweise ich auf die Beiträge von Ute Volmerg und Helmut Möck in diesem Buch.
Ute Volmerg ist Politologin und wissenschaftliche Mitarbeiterin an der Hessischen Stiftung Friedens- und Konfliktforschung (Frankfurt). Nach umfangreichen Studien über die Zusammenhänge zwischen individueller Aggression und gesellschaftlichen

* Mythos: Person oder Geschichte, die in der Phantasie *existiert* und der man große Verehrung entgegenbringt.

Verhältnissen hat sie sich mit der Entstehung gruppenspezifischer Bewußtseinsinhalte über die gesellschaftliche Wirklichkeit beschäftigt (Kriegsängste und Sicherheitsbedürfnis) und den tieferen Wurzeln der heutigen sicherheitspolitischen Eskalation gewidmet. *Helmut Möck* ist Analytiker Jungscher Schule und hat sich von daher intensiv mit Symbolik und Mythologie auseinandergesetzt. Neben seiner freiberuflichen Tätigkeit nimmt er Lehraufträge an der Johann Wolfgang Goethe-Universität (Frankfurt) wahr.

Zu dem Stichwort Mythologie drängt sich auch noch ein anderer Verdacht auf. Mit Bildern und Symbolen aus alten Geschichten sind nämlich immer schon politische Verhältnisse tragfähig gemacht worden, die in Diktaturen und gesellschaftliche Katastrophen mündeten. Auch heutzutage ist eine starke Hinwendung der Öffentlichkeit zu okkulten Themen wie Astrologie, Magie, Orakeln usw. zu verzeichnen. Offenbar besteht ein starkes Bedürfnis einerseits, sich den der Rationalität unzugänglichen Beschreibungen heutiger Wirklichkeit zu entziehen, andererseits, in esoterischen Angeboten nach Lösungen für alltägliche und politische Probleme zu suchen. In dieser Situation erscheint es mir dringend geboten, diese Strömungen verstehen zu lernen, um wirkungsvoll politisch mit ihnen arbeiten zu können. Hans Georg Trescher und Isabell Zollna gehen in ihren Beiträgen auf diese Themen ein.

Hans Georg Trescher arbeitet seit vielen Jahren an Problemen psychoanalytischer Pädagogik und ihren Anwendungsbereichen im Kindergarten, in Heimerziehung und Schule. Er hat ein Faible für Supermänner, große Katzen, die kleine Mäuse verfolgen und fordert gerne sein Glück (in Spielhallen) heraus. *Isabel Zollna* verfaßte ihren Beitrag während ihres Studiums. Inzwischen hat sie die Magisterabschlußprüfung in Germanistik, Romanistik und Pädagogik gemacht und ist als wissenschaftliche Angestellte an der Frankfurter Universität weiterhin am »Zaubern« interessiert.

Wem dies nun wirklich zu weit geht, sich mit dem Zusammenhang zwischen Magie und Politik zu beschäftigen, dem sei

gesagt: Wo kämen wir hin, wenn . . . Ja, wo kämen wir wirklich hin, wenn wir uns mit allem beschäftigen würden, was um uns herum mit »tierischer Ernsthaftigkeit« behandelt wird? Ich vermute: Wir haben überhaupt keine Chance, uns *nicht* damit zu beschäftigen. Niemand könnte nämlich behaupten, irrationale Menschen, die nach esoterischen oder anderen irrationalen Kriterien ihren Lebensalltag bestimmen, seien gesellschaftlich absolut irrelevant; etwa Menschen, die jeden Morgen auf der Fahrt zur Arbeit in Zeitungen und Illustrierten die Horoskope studieren; etwa Menschen, die das höchste Glück in schnellen Autos suchen . . . Und wie viele »rationale«, wenngleich blutige Wege zu politischen Veränderungen haben sich im nachhinein als höchst irrational entpuppt? Welche Irrationalitäten schleppt jeder einzelne mit sich herum im Glauben, sie seien so unbedeutend, daß auch die Summe aller individuellen Irrationalitäten keinen Einfluß auf das Geschehen um uns herum hätte?
Ich möchte noch einmal auf die von Eibl-Eibesfeldt formulierte Analogie von »wahnsinnigen« Politikern und kleinen Kindern zurückkommen. Wenn sich nämlich Politiker wie kleine Kinder benehmen, was hat verhindert, daß sie erwachsen wurden? Wer hat versäumt, ihnen den kindlichen »Wahnsinn« auszutreiben? Und ist »Austreibung« überhaupt das adäquate Mittel im Umgang mit Magie und Mythologie? Mit solchen Fragen ist die Pädagogik angesprochen und die Art und Weise, wie in ihr Mythologie und Aufklärung integriert sind. Hiermit stellt sich auch die Frage, ob und wie Mythologie, Zauber und Märchen ihrem Selbstverständnis dienlich sein könnten. Seit Bruno Bettelheim nämlich für Märchen plädiert hat und auch im pädagogischen Alltag Märchen wieder »in« sind (nicht etwa, weil rückschrittliche Pädagogen es so gewollt hätten), darf man wieder darüber nachdenken, welche so wichtigen Botschaften denn in Märchen und Mythen stecken, und zwar nicht nur für das einzelne Kind, sondern gerade auch über sein Verhältnis zu den Pädagogen. Die Arbeit von Martin Braun, die bereits erwähnte Arbeit von Hans Georg Trescher und mein eigener Beitrag beschäftigen sich mit diesem Thema.

Martin Braun ist Lehrer mit den Fächern Mathematik und Sozialkunde. Er hat über das Thema Rituale promoviert. Ich selbst bin wissenschaftlicher Mitarbeiter an der Hessischen Stiftung Friedens- und Konfliktforschung (Frankfurt) und habe die Bildersprache in Märchen und Mythen vor allem im spieltherapeutischen Umgang mit Kindern aus Randgruppengebieten kennengelernt. Aber auch in der Lehrerfortbildung bin ich immer wieder auf bildhafte Kommunikationsformen gestoßen, die sich verbal oder rational nur sehr unvollkommen wiedergeben lassen, aber durchaus eigenständige »Wahrheiten« über die Beziehung zwischen Menschen enthalten.
Menschen sind immer schon rational und irrational zugleich gewesen. Und auch die Tendenz, das Irrationale zuerst in den anderen zu sehen, ist so alt wie die Menschheit. Es sind immer die anderen.
Die Texte, die ich in dem Buch zusammengefaßt habe, sollen eine Lesehilfe und einen Anstoß darstellen, sich auch ein Stück weit mit den eigenen Irrationalitäten zu konfrontieren. Dazu Peter Orban, ein Freund: »Der Mythos, das Märchen und das Ritual wollen uns zeigen: Der einzige, vor dem du Angst haben mußt, bist du selbst. Die Angst, das Böse und die Gewalt kommen erst einmal aus dir. Aber indem du diese Mächte siehst, in dir siehst, und nicht vor ihnen davonläufst, hast du sie schon fast erlöst. Gib dem häßlichen Frosch einen Kuß!«

UTE VOLMERG

Das Böse im Getto

Wer zum ersten Mal unter einer französischen Kathedrale aus dem 13. Jahrhundert steht und ihren architektonischen Linien bis in den Himmel hinauf folgt, wird verwundert sein über die Figuren, die überall waagrecht von der glatten Fassade abstehen und die senkrechte Linie unterbrechen. Von weitem sieht es so aus, als seien die Grate, Bögen und Pfeiler mit Stacheln übersät wie die Haut eines Drachens. Aus der Nähe betrachtet entpuppen sich diese Höcker als furchterregende, steinerne Ungeheuer, Drachen, Löwen und Chimären, die von den Kirchenmauern herabzuspringen drohen. Ihre profane Funktion, das Regenwasser nach außen abzuleiten (Wasserspeier), verschwindet hinter ihrer sakralen, die bösen Geister von der Kirche abzuschrecken.

Angesichts dieser Einheit von Göttlichem und Dämonischem stellt sich das Gefühl auseinanderstrebender Kräfte ein; der Betrachter fragt sich unwillkürlich, was diese Schreckensbilder mit der Kirche zu tun haben.

Während einer Frankreichreise stellte sich mir der Sinn dieser Einheit auf eine überraschende Weise szenisch dar: Ich stand am Fuß der Kathedrale von Troyes und beobachtete, wie ein französischer Mirage-Bomber unmittelbar auf die Kirchturmspitze zuzujagen schien. Als die Mirage die senkrechte Linie des Turmes schnitt, verschmolz sie für den Bruchteil einer Sekunde mit einem der Dämonen. Es schien so, als sei dieser lebendig geworden und flöge nun mit Überschallgeschwindigkeit vom Kirchendach ab.

Nach wenigen Sekunden verschwand die Mirage am Horizont, so, als sei sie nie dagewesen. Der böse Dämon hingegen hing immer noch am selben Platz. Wie im Zeitraffer gab diese Szene die Entwicklung von Jahrhunderten wieder. Symbolisch war noch einmal abgelaufen, wie sich das unverstandene, dämonisierte »Böse« des Mittelalters in das abstrakte »Böse« der Gewaltpotentiale von heute verwandelt hat:

Im Mittelalter gehörten Raub, Mord, Verstümmelung, Vergewaltigung und Unterdrückung zur Tagesordnung; heute haben wir die paradoxe Situation, daß wir uns in unserem Alltag zwar sicherer fühlen als die Menschen früherer Zeiten, wir aber in unmittelbarer Nachbarschaft von Gewalt- und Zerstörungspotential unvorstellbaren Ausmaßes leben. Unsere Dämonen hängen nicht mehr sichtbar am Kirchendach. Das Grauen ist aus der Öffentlichkeit verbannt, eingebunkert, hinter Stacheldrahtzäunen vergraben; es ist in der Tiefsee, im Weltraum und in der Wüste versteckt, und, wo sich Abschußrampen und Atomraketen aus praktischen Gründen der Kriegsführung nicht verbergen lassen, werden sie bis zur Unkenntlichkeit getarnt.

Von der Abschreckung des Bösen zur Desymbolisierung

Und dennoch beruhen die Dämonen an der mittelalterlichen Kirche, die das Böse bannen sollten, und die Raketenrüstung auf demselben uralten Abschreckungsglauben. Er ist keine Erfindung des Atomzeitalters, sondern läßt sich zurückführen bis auf archaische Kultformen der Naturvölker. Mit Hilfe der nachgeahmten Schreckensmaske eines bösen Dämons glaubte man, andere böse Dämonen verscheuchen zu können. Die Menschen der Antike vertrauten auf die abschreckende Wirkung des Gorgonenhaupts. Es wurde überall angebracht, wo es einen Schutz gegen irgendwelche Angriffe von außen aufzurichten galt, an Trinkgefäßen, Waffen, Schildern, Brunnen, Häusern und Tempeln. Das hervorstechendste Merkmal des archaischen Gorgonenhaupts ist die vorgestreckte Zunge. Hinter dieser Darstellung stand der Glaube, durch den übertriebenen Ausdruck von Hohn und Wut die Macht einer unberechenbaren bösen äußeren Gewalt zu brechen. Auf diese Weise wurde das Böse mittels Symbolisierung des Bösen abgeschreckt. Um es in Schach zu halten, mußte man sich teilweise mit ihm identifizieren.[1]

Dieser Abschreckungsglaube ist eines der heidnischen Elemente, die das Christentum übernommen hat. An der Grenze zwischen Heidentum und Christentum, Innen und Außen, Weltlichkeit und Geistlichkeit, Gut und Böse wurde der Dämonenkult integriert, um eben dies Dämonische von der Kirche abzuwehren. Im Mittelalter fiel diese Grenze zusammen mit der Kirchenmauer.

Wenn wir heute eine mittelalterliche Kirche betrachten, sehen wir eine Zeit dokumentiert, in der die Menschen in ständiger Furcht vor »dem Bösen« lebten. Es begegnete ihnen in den unberechenbaren Affekten ihrer Mitmenschen, denen sie, wenn sie nicht selbst mehr Stärke besaßen, hilflos ausgeliefert waren. Raub, Kampf, Jagd auf Mensch und Tier, das Töten und Verstümmeln anderer gehörte zu den besonderen Freuden des mittelalterlichen Ritters.[2]

»Auch das Leben der Bürger in den Städten war in einem ganz anderen Maße als in der späteren Zeit von kleinen und großen Fehden durchsetzt, und auch hier waren Angriffslust, Haß und die Freude an der Qual anderer ungebändigter als in der folgenden Phase . . . Raub, Kampf, Plünderung, Familienfehden, das alles spielte im Leben der Stadtbevölkerung kaum eine geringere Rolle als im Leben der Kriegerkaste selbst.«[3]

Die Kirche umgrenzte demgegenüber einen relativ gewaltfreien Raum. In seiner Architektur und Ausstattung symbolisierte das mittelalterliche Kirchengebäude den Staat Gottes, das heilige Jerusalem, in dem andere Gesetze galten als in der umgebenden feindlichen Umwelt.[4] Im Prozeß der Zivilisation haben sich diese Grenzen des gewaltfreien Raumes immer weiter nach außen verlagert. Der Gottesstaat ist durch den weltlichen Staat abgelöst worden; und der schützt sich immer noch auf dieselbe magische Weise vor dem »bösen Feind« außerhalb seiner Grenzen. Anders als den Dämonenfratzen des Mittelalters sieht man den modernen Abschreckungsmitteln »das Böse« allerdings nicht mehr an, das sie abschrecken sollen. Dafür sind sie um so wirksamer geworden, glatt, ästhetisch, zum Zwecke des Tötens funktional; sie scheinen mit den Leidenschaften der Menschen, mit Haß, Wut, Grausamkeit und der Angst davor nichts zu tun zu haben. Sie erschrecken nicht mehr durch ihr Äußeres, sondern durch ihre todbringende Ladung. Darin ist unser Zeitalter weniger abergläubisch als das Mittelalter. Und dennoch sollen sie nur symbolische Funktion haben, wie die Abschreckungstheoretiker behaupten. Man stelle sich einmal vor, die Gewalt, die in einer Pershing-Rakete steckt, würde bildlich dargestellt, entsprechend der griechischen Sage vom Haupt der Medusa, dessen Anblick alles zu Stein verwandelte. Wie müßte ein Bild aussehen, das dies Zerstörungspotential repräsentierte? Unsere Phantasie reicht nicht aus, sich das auszumalen. Die modernen Massenvernichtungsmittel haben jeden Bezug zu menschlichen Dimensionen, menschlichen Gefühlen, Erfahrungen und Vorstellungen verloren.

Frühere Zeiten symbolisierten das Unheil als ein gefährliches Tier, dessen Gesicht meist menschliche Züge des Hasses und der

Angriffslust trägt. Drei solcher Chimären hüten den Glockenturm von Notre Dame. Sie verweisen auf einen unberechenbaren, unstillbaren wilden Tieranteil des Menschen, von dem Vernichtung befürchtet wurde. In der Mythologie und im Märchen sind es meist mehrköpfige Schlangendrachen, die diese Bedrohungsphantasie verkörpern. Ihre Wut und ihre Gefräßigkeit lassen sich nur zeitweise mit dem Opfer einer Jungfrau befriedigen. Dabei scheint es so, als ob das Leben, das sie verschlingen – bevor es wiedergeboren werden konnte –, sich im wucherndern Wachstum ihrer Köpfe zerstörerisch reproduziere. Jeder Kopf, der ihnen abgeschlagen wird, wächst nach. Das Wachstum heutiger Gewaltpotentiale ist jener Hydra nicht unähnlich. In unserer technisierten und scheinrationalen Sprache und Vorstellungswelt sind es aber nicht mehr gefährliche Schlangenköpfe, die befriedigt werden, sondern Lücken, die gefüllt werden müssen, etwa Abschreckungslücken und Gesetzeslücken. Und wo immer eine Lücke beseitigt wurde, ist es wie im Märchen – eine neue wächst nach. Schwierig, hinter dieser abstrakten Logik das eigene »Untier«, die menschliche Gewalt und unsere Angst davor noch zu erkennen.

Der gleiche Prozeß der Desymbolisierung der Gewalt läßt sich auch im Inneren der Gesellschaft beobachten. Parallel zur Abgrenzung des Staates gegenüber gewaltsamen Einbrüchen von außen sind im Inneren der Gesellschaft Gewaltmonopole entstanden, die den Menschen vor der Bedrohung durch den Menschen schützen. Norbert Elias beschreibt diesen Prozeß der Zivilisation als Monopolisierung der körperlichen Gewalttat durch staatliche Institutionen:

»Der Alltag wird freier von Wendungen, die schockartig hereinbrechen. Die Gewalttat ist kaserniert; und aus ihren Speichern, aus den Kasernen, bricht sie nur noch im äußersten Falle, in Kriegszeiten und in Zeiten des gesellschaftlichen Umbruchs, unmittelbar in das Leben des einzelnen ein. Gewöhnlich ist sie als Monopol bestimmter Spezialistengruppen aus dem Leben der anderen ausgeschaltet; und diese Spezialisten, die ganze Monopolorganisation der Gewalttat, steht jetzt nur noch am Rande des gesellschaftlichen Alltags Wache, als eine Kontrollorganisation für das Verhalten des Einzelnen. Auch in dieser Form, auch als Kontrollorganisation, hat die körperliche Gewalt und die Bedrohung, die von ihr ausgeht, einen bestimmenden Einfluß auf den Einzelnen in der Gesellschaft, er mag es wissen oder nicht. Aber es ist nicht mehr eine beständige Unsicherheit, die sie in das Leben des Einzelnen hineinträgt, sondern eine eigentümliche Form von Sicherheit.«[5]

Der Zufall als Täter

Die Sicherheit beruht darauf, daß wir als Gewalt häufig nur noch das identifizieren, was die Kontrollorganisation durchbricht, wenn die Dämme nicht halten und die Affekte sich unmittelbar Ausdruck verschaffen. Dabei sieht es so aus, als seien nicht wir, sondern die Sicherheitssysteme dafür verantwortlich, die versagt haben. So ist es auch technisches Versagen, vor dem wir in unserem Alltag am meisten Angst haben, sei es nun das Versagen des Autos, des Abschreckungssystems oder des Körpers, dessen Belastungsgrenze erreicht ist. Lebten die Menschen früher in der Angst vor der unberechenbaren und willkürlichen Gewalt des anderen und seiner Affekte, scheint es heute der Zufall zu sein, der unser Leben bedroht. Die Anonymisierung der körperlichen Gewalttat in den Gewaltapparaten hat zur Folge, daß auch im Alltag die Gewalt als ein Ding erscheint. Weil Apparate keine Affekte haben können, sieht es so aus, als habe ihre Gewalt mit den Menschen nichts zu tun.

An einem einfachen Beispiel kann man sich das klarmachen. Ein Autounfall ist ein Autounfall, nichts weiter. Wegen überhöhter Geschwindigkeit aus der Kurve getragen, heißt es. Daß Aggressivität im Spiel war, Aggressivität gegen sich selbst oder gegen andere, kommt nicht ins Bewußtsein. Daß es zu dem Auto einen Fahrer gegeben haben muß, der Gefühle hatte, mit denen er sein Fahrzeug steuerte, wird meist vergessen. Vielleicht war er wütend oder gekränkt und gab deshalb soviel Gas; vielleicht wollte er am liebsten jemanden umbringen; vielleicht war er aber auch verzweifelt und in seinem Selbstwertgefühl so niedergedrückt, daß er keinen anderen Ausweg wußte, um sich seinen Problemen zu entziehen; vielleicht wollte er aber auch sich und anderen Stärke beweisen. Was auch immer die Motive und Gefühle sind, die zu einem Unfall führen, in der Zeitung oder in der Verkehrsstatistik erscheinen sie nicht. Danach sieht es vielmehr so aus, als sei die Gewalt auf der Straße eine unausweichliche Folge der Verkehrsdichte oder technisch unzulänglicher Autos. Die öffentliche Sprachregelung macht die »Tücke« des Objekts oder der Organisation zur Ursache des Unglücks. Dabei ist es doch nur unsere eigene »Tücke«, die uns das Objekt falsch bedienen ließ. So werden Denk- und Sprachschemata eingeübt, die die menschliche Ursache der Gewalt systematisch verleugnen.

Dasselbe technische Verständnis prägt unser Verhältnis zum eigenen Körper. Auch er wird (in der vorherrschenden Medizin) wie ein Apparat behandelt, dessen Funktionsstörungen es zu beseitigen gilt. Sie werden als Folgen äußerer Einwirkungen auf einzelne Organe aufgefaßt, als Infektion, Erkältung oder Verletzung, nicht aber als Ausdruck seelisch-körperlichen Unbehagens. Hat der Körper versagt, muß er schnellstens repariert werden, damit er ebenso reibungslos funktioniert wie zuvor. Warum er gerade das nicht mehr wollte, ist eine unzulässige Frage, die allzu weitreichende Konsequenzen haben könnte. So wird dem Körper zweimal Gewalt angetan: durch die Ursache der Krankheit und durch die Behandlung.

Die Beispiele zeigen, daß Gewalt im Alltag eher als »Betriebsunfall« der Sicherheitssysteme aufgefaßt wird, denn als Ausdruck menschlichen Fühlens und Handelns. Entsprechend geht man damit um. Die Spuren solcher »Betriebsunfälle« werden schnell beseitigt: das Unfallopfer in die Klinik, den Wagen auf den Schrottplatz, den Kranken ins Krankenhaus, den Kriminellen ins Gefängnis. Wenn »das Böse« trotz aller Sicherheitsvorkehrungen sich in aller Öffentlichkeit doch einmal Bahn bricht, stehen die »Wärter« bereit, um die Spuren zu beseitigen. Die Täter und Opfer werden an den Rand unserer Existenz, ins Getto, abgeführt. In dem Sinne, daß beide die öffentliche Sicherheit gefähr-

det haben, sind beide schuldig. Das Unglück wird isoliert und in Gebäuden verwaltet, denen man von außen nichts ansieht. Wir brauchen uns jedenfalls nicht mehr damit auseinanderzusetzen. Die Wellen schlagen über dem »Unfall«, der, wie das Wort schon sagt, gar kein Fall war, zusammen, und das Alltagsleben geht weiter, als wenn nichts gewesen wäre.
In die Angst vor dem Zufall hat sich jene ursprüngliche Angst vor der unberechenbaren Gewalttätigkeit des Menschen geflüchtet, unter der die Zeitgenossen früherer Jahrhunderte gelebt haben. Heute erscheint der Zufall als Täter. Unsere Angst hat keine Sprache und kein Objekt mehr und ist uns selber daher unverständlich geworden. Der Zufall ereilt uns. Weil er keinen persönlichen Täter hat, hat er auch kein individuelles Opfer. Er meint niemanden Bestimmtes. Der Zufall bedroht alle und niemanden. Die eigene Betroffenheit wird so zu einer statistischen Größe. Die Möglichkeit, daß ein Atomkraftwerk explodiert, ein Satellit vom Himmel fällt, wir bei einem Autounfall ums Leben kommen oder Opfer eines Dritten Weltkrieges werden läßt sich mit »an Sicherheit grenzender Wahrscheinlichkeit« berechnen. Unsere Sicherheit heißt (statistische!) »Unwahrscheinlichkeit«. Dahinter ist das Bewußtsein verlorgengegangen, daß alle diese Gewaltapparate nur dazu dienen, den Menschen vor seiner ursprünglichen eigenen Gewalttätigkeit zu schützen; und daß, wenn sie als Sicherheitssysteme versagen, es nichts als die eigene Gewalt ist, die uns trifft.

Unter Ausschluß der Öffentlichkeit

Der einzige Bereich, in dem Gewalt noch unverhohlen als zwischenmenschliche Gewalt auftreten darf, ist die Privatsphäre der Familie. Nur noch die Kinder sind Affekten und Gewaltneigungen schutzlos ausgeliefert. Daß davon rücksichtslos Gebrauch gemacht wird, deutet die Zahl mißhandelter Kinder an. Der Begriff »Dunkelziffer« sagt zugleich, unter welchen Bedingungen Gewalt in der Familie zugelassen ist: unter der Bedingung, daß sie nicht in der Öffentlichkeit, sondern im »Dunkeln« stattfindet und dort auch bleibt. So darf man seine Kinder mißhandeln, sich aber nicht erwischen lassen. Ein allgemein geteilter Konsens sichert die Privatsphäre der Familie als letztes Refugium der Gewaltanwendung für den einzelnen ab. Das Kind, das morgens blaugeschlagen in die Schule kommt, hat sich gestoßen. Die Kollegin, die der Arbeit fernbleibt, ist krank, obwohl ihre Familienverhältnisse Schlimmeres nahelegen. Solange die Erklärungen mit den öffentlichen Sprachregelungen einigermaßen plausibel übereinstimmen, mithin das Tabu der Gewalt nicht verletzt wird, dürfen Menschen verletzt werden. Es scheint um die Sprache zu gehen, nicht um die Gewalt. Bezeichnend hierfür sind die Bemühungen, den antiquierten Begriff der »elterlichen Gewalt«, der doch die Erfahrung sehr genau trifft, aus dem juristischen Vokabular zu streichen.

Würden wir nach der Sprache gehen, käme Gewalt im Alltag praktisch nur als legitime Gewalt staatlicher Institutionen und (noch) als elterliche Gewalt in der Familie vor. Was ist an solchen so extrem entgegengesetzten Bereichen wie etwa Gefängnis und Familie vergleichbar? Gewalt findet beide Male unter Ausschluß der Öffentlichkeit statt. Hinter verschlossenen Türen ist der Willkür und den Affekten derer, die sie ausüben, Spielraum gegeben, vorausgesetzt, daß die Schäden nicht sichtbar werden. Jeder weiß, daß es dabei zu sogenannten Übergriffen kommt – das gehört zur Wirksamkeit dieser Institutionen sozusagen dazu: Man muß Angst haben, ihnen »in die Hände zu fallen«. Das Risiko soll für den Angreifer »kalkuliert untragbar« sein, heißt es dazu in der Abschreckungslogik der Rüstungsstrategen. Dazwischen aber, zwischen diesen Gettos, ist das Alltagsleben planiert als eine Sicherheitszone, in der Gewalt nicht mehr vorzukommen scheint, in der wir auf unsere Gewaltbedürfnisse verzichtet haben, um der größeren Sicherheit willen, die uns die Gewaltinstitutionen des Staates garantieren.

Es gibt kein Entkommen

Erst in jüngster Zeit machen die Aktionen von Bürgerinitiativen, Hausbesetzern oder Rüstungsgegnern unübersehbar darauf aufmerksam, daß an dieser Rechnung etwas nicht stimmt. Sie bringen ins Bewußtsein, daß Gewalt längst stattgefunden hat, noch bevor sie in ihrem Protest zum Knüppel oder zum Pflasterstein greifen. Sie weisen mit ihren Aktionen darauf hin, daß das, was wir als Sicherheit und Ordnung zu indentifizieren gewohnt sind, auf einer Gewalt beruht, die uns letztendlich das Leben kosten kann, das zu schützen sie doch vorgibt.

Manch einem erscheint die Auseinandersetzung absurd und lächerlich, die sich z. B. an der Frankfurter Startbahn West exemplarisch nachvollziehen läßt. Nicht zufällig geht es dabei um den Baum. Da versuchen Leute ein Waldstück zu erhalten, wo es um das ökonomische Überleben der Bundesrepublik, ihre internationale Konkurrenzfähigkeit und »Solvenz« geht. Die Bäume im Mörfelder Wald – immerhin sind es drei Millionen – stehen gegen die Sicherheit und Zukunft der Arbeitsplätze im Rhein-Main-Gebiet, so heißt es von seiten der Hessischen Regierung. Die Startbahn-Gegner halten dies für eine falsche Alternative. Denn wo soll das hinführen, wenn das Funktionieren der Gesellschaft nur um den Preis der Vernichtung unserer natürlichen Lebensgrundlagen aufrechterhalten werden kann, oder, wie die Friedensbewegung argumentiert, wenn Sicherheit nur garantiert werden kann, indem man seinen eigenen Selbstmord vorbereitet. Für sie ist der Prozeß der Zivilisation als Beherrschung innerer und äußerer Natur selbst an eine Grenze gestoßen: die Natur. Wo Natur vernichtet wird, vernichten wir uns selbst.

Für andere, die in den Institutionen die Entscheidungen treffen, ist es noch lange nicht soweit. Sie gehen mit Natur um, als sei sie immer noch der unerschöpfliche Rohstoff, den unser Fortschrittsglaube voraussetzt. Obwohl doch Umweltkatastrophen, Lebensmittelvergiftungen, wissenschaftliche Gutachten wie etwa »Global 2000« und auch die persönliche Erfahrung etwas anderes lehren. Es ist soweit, daß wir die Kosten der Zivilisation

unmittelbar am eigenen Leibe zu spüren bekommen. Sei es, daß in unserer Nachbarschaft ein Kernkraftwerk entsteht, Abschußrampen installiert werden oder der Wald stirbt, der als Wasser- und Sauerstoffspeicher für unser Überleben unersetzlich ist.
Deshalb geht es bei der Startbahn um mehr als nur um die Bäume, die da stehen. Es geht um »den Baum« schlechthin, der in früheren Zeiten der Naturreligionen die mystische Einheit des Menschen mit der Natur symbolisierte. Wenn sich heute Menschen wieder um einzelne Bäume kümmern, sie benennen, sie versorgen, ja sogar ihr Leben symbolisch mit einem Baum verbinden, um ihn vor dem Tod zu bewahren, so mutet das an wie ein Versuch der Wiederbeseelung der Natur. In den Bäumen, in denen heute die Startbahn-Gegner sitzen, wohnte in Zeitaltern magischen Denkens oder noch heute bei den Naturvölkern die Tiernatur des Schamanen.[6] Bäume durchmessen symbolisch alle Schichten der menschlichen Existenz, weil sie mit den Wurzeln in die Unterwelt und mit der Krone in den Himmel ragen. Nach beiden Seiten hin war das Erleben für die Naturvölker offen. Der Übergang zwischen Zivilisation und Natur, Ordnung und Chaos, Diesseits und Jenseits war fließend und wurde durch Rituale im Bewußtsein offen gehalten.
Als der christliche Kolonisator, Bonifatius, Hand an einen Baum legte, um die heidnische Religion zu erschüttern und die Herrschaft des Christentums zu begründen, legte er auch Hand an die Einheit des Menschen mit der Natur. Er bewies mit der Axt gegen die Wotanseiche, daß der Baum nicht beseelt war; Wotans Blitz, den »die Heiden« fürchteten, blieb aus. Heute betrachtet, wissend, wie die Entwicklung bis zum Kampf um den Baum im Mörfelder Wald weiterging, ist zu fragen, ob das Christentum nicht ein verhängnisvolles Mißverständnis eingeleitet hat. Der magische Glaube von der Beseelung der Natur war konkret, doch mußte er so konkretistisch verstanden werden, wie es von Bonifatius überliefert ist? Die Frage nach richtig oder falsch wurde mit der Axt entschieden. Da die unmittelbaren Folgen ausblieben, galt die Natur als ohnmächtig und der Glaube an die Naturgewalt als widerlegt. Ähnlich würde es sicher auch im Mörfelder Wald

zugehen. Zunächst einmal geschieht nichts. Was macht das schon, wenn ein paar Bäume mehr oder weniger abgehackt werden? Jährlich fallen wesentlich mehr Bäume dem Eigenheimbau zum Opfer als der Startbahnbau kostet – so die Argumentation des hessischen Ministerpräsidenten in seiner Regierungserklärung.
Kein Blitz ist vom Himmel herabgefahren; die Natur rächt sich, wie wir inzwischen wissen, auf andere Weise: unauffällig, stetig und mit Konsequenz. Nicht, daß hier für eine erneute Personalisierung der Naturgewalt plädiert werden soll. Wir wissen es ja inzwischen besser und wissenschaftlich fundiert, daß wir selbst Teil der Natur sind, eines großen Öko-Systems, in dem kein Eingriff ohne Konsequenzen bleibt. Unser Handeln hat Schneeballeffekt, und die Folgen sind unübersehbar. Der Traum von der globalen Reichweite und Wirksamkeit menschlichen Handelns ist wahr, aber auf andere Weise als gewünscht. Heute sind wir mit den unbeabsichtigten vernichtenden Folgen unseres Umgangs mit der Natur konfrontiert. Und dennoch ist ein Umdenken nicht in Sicht, trotz täglicher Horrornachrichten in den Medien. Vom Standpunkt der Öko-Wissenschaft hat das magische Denken gar nicht so unrecht: Die Natur rächt sich, Sünden gegen die Natur werden von der Natur geahndet. Diese Erfahrung faßte 1855 der Indianerhäuptling Seattle in einem Brief an den amerikanischen Präsidenten in ein eindrucksvolles Bild:

»Die Erde gehört nicht den Menschen, der Mensch gehört der Erde: Das wissen wir. Alles ist miteinander verbunden, wie das Blut, das eine Familie vereint. Alles ist verbunden. Was die Erde befällt, befällt auch die Söhne der Erde. Der Mensch schuf nicht das Gewebe des Lebens, er ist darin nur eine Faser. Was immer ihr dem Gewebe antut, das tut ihr euch selber an.«[7]

Die Kritik der Aufklärung an der Personalisierung der Naturgewalten hat den Blick auf den wahren Kern der Naturreligionen versperrt: Der Mensch als Naturwesen ist den gleichen Gesetzen unterworfen wie die Natur außer ihm, und er ist von ihr abhängig.

Die Natur ist nicht gut und nicht böse, sondern Leben und Tod. In den Fruchtbarkeits-Initiationsriten der Naturvölker wurde beides als Einheit symbolisch nachvollzogen. Der Tod war nicht die böse Gewalt, die von außen als »Sensenmann« an die Tür klopft, wenn es im Leben eines Sünders, aus welch unberechenbaren Gründen auch immer, soweit war. Der Tod bestand auch nicht im Versagen der Natur, wie es im heutigen Alltagsbewußtsein verstanden wird. Tod und Leben, Gut und Böse waren gleichermaßen Natur, mit der sich der einzelne in mystischer Teilhabe identifizierte. So sterben die Schamanen der Naturvölker in ihrem Leben dreimal: bei der Geburt, bei der Initiation, d. h. der rituellen Einführung des Jugendlichen ins Erwachsenenleben, und bei ihrem wirklichen Tod. In manchen Bräuchen, Fastnachts- und Ernteritualen hat sich die Darstellung einer ursprünglichen Einheit des Menschen mit der Natur über die Jahrhunderte – wenn auch unbegriffen – bis heute erhalten:

»Noch gegen Ende der sechziger Jahre des vorigen Jahrhunderts stürmten im Lötschental am Sonntag vor der alten Fastnacht die Masken wie die Stiere brüllend durch das Dorf, in welchem um ein Uhr nachmittags alle Häuser verrammelt worden waren. Ließen sich eine Frau, ein Kind oder ein jüngerer Bursche sehen, so schlugen ihnen die Masken einen Aschensack um den Kopf, und insbesondere die jungen Mädchen wurden mit einer Rußaufschwemmung, Jauche oder mit Blut bespritzt. Dies waren indes verhältnismäßig milde Bräuche, die in früheren Zeiten sehr viel wilder und rauher gewesen waren, als noch ausgeraubt, zerstört und geplündert wurde.
Derlei findet man heute noch in Afrika. Nachdem die Initianden *(mvon)* im südlichen Kamerun auf qualvolle Weise durch einen etwa fünfzehn Meter langen Tunnel gerobbt und gerutscht sind, befinden sie sich ›draußen‹, außerhalb jeder Ordnung. Alle Arten von Plünderung, Raub und Überfall sind ihnen nunmehr gestattet . . . Sie haben das Recht, jede Frau totzuschlagen, die sich in ihre Nähe wagt, oder besser gesagt, sie können dies ohne weiteres tun, da sie jenseits aller Normen, jenseits von Gut und Böse stehen.«[8]

In diesen Bräuchen und Riten wurde die Grenze zwischen Natur und Zivilisation symbolisch aufgehoben, wobei die Menschen in der Tiergestalt selbst jenen unberechenbaren, vernichtenden und todbringenden Anteil auslebten, den sie der Natur zuschrieben und an dem sie als Naturwesen teilhatten. Heute weisen wir diesen vernichtenden Anteil anonymen Mächten zu: der Gesellschaft, der Rüstungsdynamik, der ökonomischen Notwendigkeit, den Sachzwängen, den Staus auf den Autobahnen, dem technischen Fortschritt oder wie unsere Götter auch sonst immer heißen. Die Naturgötter sind zu Zivilisationsgöttern geworden; sie sind in unserem Bewußtsein nicht weniger mächtig.

Die Verbindung aufnehmen

Im Prozeß der Zivilisation ist uns die äußere und innere Natur fremd geworden. Wir befinden uns heute in der Lage jenes Fischers, der wie im Märchen »Der Geist in der Flasche« am Ufer steht und in seinem Netz einen gefährlichen Fund zutage fördert. Er ist ungewöhnlich schwer und entpuppt sich als eine Flasche, die mit einem Siegel und dem magischen Zeichen Gottes verschlossen ist. Der Fischer öffnet sie in der Erwartung, etwas Wertvolles zu finden. Der Flasche entströmt ein unsichtbares Gas, das sich zur Gestalt eines Geistes verdichtet, der die Sonne verdunkelt. Mit donnernder Stimme kündigt er an, den Fischer töten zu wollen. Der Fischer verlangt Aufklärung über diese Undankbarkeit, worauf er und der Leser des Märchens eine Lektion über die Dynamik abgespaltener Gefühlsanteile erhalten, die zu lange unter Verschluß gehalten wurden:

»Vernimm, du kleines Menschenkind, eine gute Nachricht: du hast mich aus einer langen Gefangenschaft befreit. Ich gehöre zu den abtrünnigen Geistern, und weil ich Salomo, den großen Propheten, einst beleidigte, verbannte er mich in dieses Gefäß und drückte den Namen Gottes darauf. Nachdem ich zweihundert Jahre darin geschmachtet hatte, beschloß ich, den reich zu machen, der die Flasche finden und öffnen würde. Aber es kam niemand. Es verging abermals dieselbe Zeit, und ich beschloß jetzt, meinem Befreier alle Schätze der Welt zu geben; wieder meldete sich keiner, der sich diese verdienen wollte. Da schwur ich, daß derjenige, wer es auch sei, der mich einst befreie, sofort des Todes sterben soll, und das bist du. Darum mache dich fertig, denn ich will dich erwürgen.«[9]

Wäre der Geist früher befreit worden, hätte er seinen Wohltäter noch mit Gold und Silber belohnt. So lange eingesperrt, hat er jedoch nur noch Vernichtung im Sinn.
Psychoanalytisch interpretiert, läßt sich das Bild vom Geist in der Flasche als eine Warnung vor der kollektiven Verdrängung unserer eigenen unkontrollierten Natur verstehen. Wir haben gelernt, Gefühle nur soweit zuzulassen, soweit sie sich kontrollieren lassen, der Rest wird abgespalten und verbannt. Der Prozeß der Zivilisation hat auf der einen Seite zur Monopolisierung der Gewalt in äußeren Institutionen, auf der anderen Seite zur Verleugnung und Tabuierung unserer individuellen Gewaltneigungen geführt. Mit der Institutionalisierung der Gewalt sind sie jedoch nicht automatisch verschwunden. Sie führen, eingekerkert in der Flasche, in die sie unsere psychische Kontrollorganisation verbannt hat, ihr Eigendasein. Das abgespaltene Produkt ist hochexplosiv, um so mehr, als es in der Öffentlichkeit keine Repräsentationschancen mehr hat. Aus der Sprache und von den modernen Kirchendächern verdrängt, führen die »Chimären« und »Dämonen« ihr Eigendasein tief unter der Oberfläche unseres Bewußtseins. Weil wir keine Sprache mehr für sie haben, lassen sie auch nicht mehr mit sich reden.
Durch die List der Vernunft läßt sich der böse Geist im Märchen noch einmal überwältigen. Er verschwindet erneut in die Flasche, um dem ungläubigen Fischer zu beweisen, daß er zuvor darinnen gewesen war. So entkommt der Fischer dem sicheren Verderben, und es wendet sich alles noch einmal zum Guten. Abgespaltene mächtige Gefühlsinhalte sind dumm, sie lassen sich manipulieren, und sie werden destruktiv, je länger sie unter Verschluß gehalten werden, sagt das Märchen. Zu Anfang wollte der Geist noch seine Macht zum Guten einsetzen, je länger er jedoch in der Flasche schmachtete, desto größer wurde seine ohnmächtige Wut, die, schließlich entfesselt, Mord bedeutete. Unsere Ohnmacht und unsere Wut sind in den Apparaten eingeschlossen, in den Vernichtungsapparaten und in unserem »psychischen Apparat«. Wovor wir am meisten Angst haben, ist, daß sie eines Tages befreit werden könnten, durch einen Zufall, einen

»starken Mann« oder etwas anderes, das sich nicht vorhersehen läßt. Die Angst vor der eigenen Unberechenbarkeit wird dabei projiziert auf die Unberechenbarkeit der jeweiligen Gegner: der Polizei oder der Demonstranten, der Russen oder der Amerikaner. Deshalb können wir unsere Waffen nicht abschaffen, weil man ja nie weiß, ob der andere diese Schwäche nicht ausnutzen wird, und der nimmt mit der gleichen Berechtigung dasselbe von uns an. Einig sind sich alle, niemand will gewaltsame Auseinandersetzungen; aber alle zugleich bereiten sie vor, jeder gegen den aggressiven, feindseligen, gewalttätigen und unberechenbaren Anteil des anderen. Die Errungenschaften der Zivilisation haben diesen Anteil nicht beseitigen können und auch nicht die Angst davor. Sie werden es auch in Zukunft nicht können. So scheint mir der einzige Weg, sich mit ihm vertraut zu machen, die Verbindung aufzunehmen mit dem »Bösen« und der Gewalttätigkeit, die in uns ist. Nur auf diese Weise könnten wir von der Angst vor der eigenen Unberechenbarkeit befreit werden *und* von dem Zwang, sie beim anderen wütend zu bekämpfen.

HELMUT MÖCK

Märchen zum Überleben

Wer sich auf den Traum als »Königsweg zum Unbewußten« einlassen will, wie es die Psychoanalyse vorschlägt, und wer auf diesem Weg auch den Schritt weiter zu gehen bereit ist, daß das Unbewußte unserer Träume uns dort Überlebenswahrheiten anbietet, wo unser Alltagsbewußtsein uns in unseren Lebenslügen festhält, der wird den Satz aus dem Talmud ernst nehmen können, daß jeder ungedeutete Traum einem ungelesenen Brief gliche. Jemand, der mir nahesteht, ein schwer zugänglicher Teil meiner Person, hat mir etwas mitzuteilen. Diese Mitteilung sollte ich nicht beiseite schieben. Sie könnte wichtig sein.
Ich kenne eigene und einige fremde Träume von Brunnen, die versiegt, Bäumen, die verdorrt, Menschen, deren Bewegungen

automatenhaft erstarrt sind. Warnungen, daß irgend etwas nicht mehr stimmt, nicht mehr fließt, sich nicht mehr regen kann. Träume, Phantasien, Traum-Geschichten, die so Wichtiges mitzuteilen haben, daß sie sich über die personalen, schließlich auch zeitlichen Grenzen ihres Zustandekommens hinwegsetzen können, haben die Aussicht, als Märchen zu überleben. Es ist denkbar, solche Märchen in ihrer überindividuellen Bedeutung ähnlich ernst zu nehmen wie Träume in ihrer individuellen: als Warnungen, daß im Leben der uns umgebenden Gesellschaft etwas nicht mehr stimmt, nicht mehr fließt, sich nicht mehr regen kann. Ich möchte ein solches Märchen in Erinnerung bringen:

Der Teufel mit den drei goldenen Haaren[1]

Es war einmal eine arme Frau, die gebar ein Söhnlein, und weil es eine Glückshaut um hatte, als es zur Welt kam, so ward ihm geweissagt, es werde im vierzehnten Jahr die Tochter des Königs zur Frau haben. Es trug sich zu, daß der König bald darauf ins Dorf kam, und niemand wußte, daß er der König war, und als er die Leute fragte, was es Neues gäbe, so antworteten sie: »Es ist in diesen Tagen ein Kind mit einer Glückshaut geboren: was so einer unternimmt, das schlägt ihm zum Glück aus. Es ist ihm auch vorausgesagt, in seinem vierzehnten Jahre solle er die Tochter des Königs zur Frau haben.« Der König, der ein böses Herz hatte und über die Weissagung sich ärgerte, ging zu den Eltern, tat ganz freundlich und sagte: »Ihr armen Leute, überlaßt mir euer Kind, ich will es versorgen.« Anfangs weigerten sie sich, da aber der fremde Mann schweres Gold dafür bot und sie dachten: »Es ist ein Glückskind, es muß doch zu seinem Besten ausschlagen«, so willigten sie endlich ein und gaben ihm das Kind.
Der König legte es in eine Schachtel und ritt damit weiter, bis er zu einem tiefen Wasser kam; da warf er die Schachtel hinein und dachte: »Von dem unerwarteten Freier habe ich meine Tochter geholfen.« Die Schachtel aber ging nicht unter, sondern schwamm wie ein Schiffchen, und es drang auch kein Tröpfchen Wasser hinein. So schwamm sie bis zwei Meilen von des Königs Hauptstadt, wo eine Mühle war, an dessen Wehr sie hängenblieb. Ein Mahlbursche, der glücklicherweise da stand und sie bemerkte, zog sie mit einem Haken heran und meinte große Schätze zu finden, als er sie aber aufmachte, lag ein schöner Knabe

darin, der ganz frisch und munter war. Er brachte ihn zu den Müllersleuten, und weil diese keine Kinder hatten, freuten sie sich und sprachen: »Gott hat es uns beschert.« Sie pflegten den Fündling wohl, und er wuchs in allen Tugenden heran.
Es trug sich zu, daß der König einmal bei einem Gewitter in die Mühle trat und die Müllersleute fragte, ob der große Junge ihr Sohn wäre. »Nein«, antworteten sie, »es ist ein Fündling, er ist vor vierzehn Jahren in einer Schachtel ans Wehr geschwommen, und der Mahlbursche hat ihn aus dem Wasser gezogen.« Da merkte der König, daß es niemand anders als das Glückskind war, das er ins Wasser geworfen hatte, und sprach: »Ihr guten Leute, könnte der Junge nicht einen Brief an die Frau Königin bringen, ich will ihm zwei Goldstücke zum Lohn geben?« – »Wie der Herr König gebietet«, antworteten die Leute und hießen den Jungen sich bereithalten. Da schrieb der König einen Brief an die Königin, worin stand: »Sobald der Knabe mit diesem Schreiben angelangt ist, soll er getötet und begraben werden, und das alles soll geschehen sein, ehe ich zurückkomme.«
Der Knabe machte sich mit diesem Brief auf den Weg, verirrte sich aber und kam abends in einen großen Wald. In der Dunkelheit sah er ein kleines Licht, ging darauf zu und gelangte zu einem Häuschen. Als er hineintrat, saß eine alte Frau beim Feuer ganz allein. Sie erschrak, als sie den Knaben erblickte, und sprach: »Wo kommst du her, und wo willst du hin?« – »Ich komme von der Mühle«, antwortete er, »und will zur Frau Königin, der ich einen Brief bringen soll; weil ich mich aber in dem Walde verirrt habe, so wollte ich hier gerne übernachten.« – »Du armer Junge«, sprach die Frau, »du bist in ein Räuberhaus geraten, und wenn sie heimkommen, so bringen sie dich um.« – »Mag kommen, wer will«, sagte der Junge, »ich fürchte mich nicht; ich bin aber so müde, daß ich nicht weiter kann«, streckte sich auf eine Bank und schlief ein. Bald hernach kamen die Räuber und fragten zornig, was da für ein fremder Knabe läge. »Ach«, sagte die Alte, »es ist ein unschuldiges Kind, es hat sich im Walde verirrt, und ich habe ihn aus Barmherzigkeit aufgenommen: er soll einen Brief an die Frau Königin bringen.« Die Räuber erbrachen den Brief und lasen ihn, und es stand darin, daß der Knabe sogleich, wie er ankäme, sollte ums Leben gebracht werden. Da empfanden die hartherzigen Räuber Mitleid, und der Anführer zerriß den Brief und schrieb einen andern, und es stand darin, sowie der Knabe ankäme, sollte er sogleich mit der Königstochter vermählt werden. Sie ließen ihn dann ruhig bis zum andern Morgen auf der Bank liegen und als er aufgewacht war, gaben sie ihm den Brief und zeigten ihm den rechten Weg. Die Königin aber, als sie den Brief empfangen und gelesen hatte, tat, wie darin stand, hieß ein prächtiges Hochzeitsfest anstellen, und die Königstochter ward mit dem Glückskind vermählt;

und da der Jüngling schön und freundlich war, so lebte sie vergnügt und zufrieden mit ihm.

Nach einiger Zeit kam der König wieder in sein Schloß und sah, daß die Weissagung erfüllt und das Glückskind mit seiner Tochter vermählt war. »Wie ist das zugegangen?« sprach er. »Ich habe in meinem Brief einen ganz anderen Befehl erteilt.« Da reichte ihm die Königin den Brief und sagte, er möchte selbst sehen, was darin stände. Der König las den Brief und merkte wohl, daß er mit einem andern war vertauscht worden. Er fragte den Jüngling, wie es mit dem anvertrauten Briefe zugegangen wäre, warum er einen andern dafür gebracht hätte. »Ich weiß von nichts«, antwortete er, »er muß mir in der Nacht vertauscht sein, als ich im Walde geschlafen habe.« Voll Zorn sprach der König: »So leicht soll es dir nicht werden, wer meine Tochter haben will, der muß mir aus der Hölle drei goldene Haare von dem Haupte des Teufels holen; bringst du mir, was ich verlange, so sollst du meine Tochter behalten.« Damit hoffte der König, ihn auf immer loszuwerden. Das Glückskind aber antwortete: »Die goldenen Haare will ich wohl holen, ich fürchte mich vor dem Teufel nicht.« Darauf nahm er Abschied und begann seine Wanderschaft.

Der Weg führte ihn zu einer großen Stadt, wo ihn der Wächter an dem Tore ausfragte, was für ein Gewerbe er verstände und was er wüßte: »Ich weiß alles«, antwortete das Glückskind. »So kannst du uns einen Gefallen tun«, sagte der Wächter, »wenn du uns sagst, warum unser Marktbrunnen, aus dem sonst Wein quoll, trocken geworden ist und nicht einmal mehr Wasser gibt.« – »Das sollt ihr erfahren«, antwortete er, »wartet nur, bis ich wiederkomme.« Da ging er weiter und kam vor eine andere Stadt, da fragte der Torwächter wiederum, was für ein Gewerb er verstünde und was er wüßte. »Ich weiß alles«, antwortete er. »So kannst du uns einen Gefallen tun und uns sagen, warum ein Baum in unserer Stadt, der sonst goldene Äpfel trug, jetzt nicht einmal Blätter hervortreibt.« – »Das sollt ihr erfahren«, antwortete er, »wartet nur, bis ich wiederkomme.« Da ging er weiter und kam an ein großes Wasser, über das er hinüber mußte. Der Fährmann fragte ihn, was er für ein Gewerb verstände und was er wüßte. »Ich weiß alles«, antwortete er. »So kannst du mir einen Gefallen tun«, sprach der Fährmann, »und mir sagen, warum ich immer hin und her fahren muß und niemals abgelöst werde.« – »Das sollst du erfahren«, antwortete er, »warte nur, bis ich wiederkomme.«

Als er über das Wasser hinüber war, so fand er den Eingang zur Hölle. Es war schwarz und rußig darin, und der Teufel war nicht zu Haus, aber seine Ellermutter saß da in einem breiten Sorgenstuhl. »Was willst du?« sprach sie zu ihm, sah aber gar nicht so böse aus. »Ich wollte gerne drei goldene Haare von des Teufels Kopf«, antwortete er, »sonst kann ich meine Frau nicht behalten.« – »Das ist viel verlangt«, sagte sie, »wenn der Teufel heimkommt und findet dich, so geht dir's an den Kragen; aber du dauerst mich, ich will sehen, ob ich dir helfen kann.« Sie verwandelte ihn in eine Ameise und sprach: »Kriech in meine Rockfalten, da bist du sicher.« – »Ja«, antwortete er, »das ist schon gut, aber drei Dinge möcht ich gerne noch wissen: warum ein Brunnen, aus dem sonst Wein quoll, trocken geworden ist, jetzt nicht einmal mehr Wasser gibt; warum ein Baum, der sonst goldene Äpfel trug, nicht einmal mehr Laub treibt; und warum ein Fährmann immer herüber und hinüber fahren muß und nicht abgelöst wird.« – »Das sind schwere Fragen«, antwortete sie, »aber halte dich nur still und ruhig und hab acht, was der Teufel spricht, wann ich ihm die drei goldenen Haare ausziehe.«

Als der Abend einbrach, kam der Teufel nach Haus. Kaum war er eingetreten, so merkte er, daß die Luft nicht rein war. »Ich rieche, rieche Menschenfleisch«, sagte er, »es ist hier nicht richtig.« Dann guckte er in alle Ecken und suchte, konnte aber nichts finden. Die Ellermutter schalt ihn aus: »Eben ist erst gekehrt«, sprach sie, »und alles in Ordnung gebracht, nun wirfst du mir's wieder untereinander; immer hast du Menschenfleisch in der Nase! Setze dich nieder und iß dein Abendbrot.« Als er gegessen und getrunken hatte, war er müde, legte der Ellermutter seinen Kopf in den Schoß und sagte, sie sollte ihn ein wenig lausen. Es dauerte nicht lange, so schlummerte er ein, blies und schnarchte. Da faßte die Alte ein goldenes Haar, riß es aus und legte es neben sich. »Autsch!« schrie der Teufel, »was hast du vor?« – »Ich habe einen schweren Traum gehabt«, antwortete die Ellermutter, »da hab ich dir in die Haare gefaßt.« – »Was hat dir denn geträumt?« fragte der Teufel. »Mir hat geträumt, ein Marktbrunnen, aus dem sonst Wein quoll, sei versiegt, und es habe nicht einmal Wasser daraus quellen wollen, was ist wohl schuld daran?« – »He, wenn sie's wüßten!« antwortete der Teufel. »Es sitzt eine Kröte unter einem Stein im Brunnen, wenn sie die töten, so wird der Wein schon wieder fließen.« Die Ellermutter lauste ihn wieder, bis er einschlief und schnarchte, daß die Fenster zitterten. Da riß sie ihm das zweite Haar aus. »Hu! was machst du?« schrie der Teufel zornig. »Nimm's nicht übel«, antwortete sie, »ich habe es im Traum getan.« – »Was hat dir wieder geträumt?« fragte er. »Mir hat geträumt, in einem Königreiche ständ ein Obstbaum, der hätte sonst goldene Äpfel getragen und wollte jetzt nicht einmal Laub treiben. Was war wohl die Ursache davon?« – »He, wenn sie's wüßten!« antwortete der Teufel. »An der Wurzel nagt eine Maus, wenn sie die töten, so wird er schon wieder goldene Äpfel tragen, nagt sie aber noch länger, so verdorrt der Baum gänzlich. Aber laß mich mit deinen Träumen in Ruhe, wenn du mich noch einmal im Schlafe störst, so kriegst du eine Ohrfeige.« Die Ellermutter sprach ihm gut zu und lauste ihn wieder, bis er eingeschla-

fen war und schnarchte. Da faßte sie das dritte goldene Haar und riß es ihm aus. Der Teufel fuhr in die Höhe, schrie und wollte übel mit ihr wirtschaften, aber sie besänftigte ihn nochmals und sprach: »Wer kann für böse Träume!« – »Was hat dir denn geträumt?« fragte er und war doch neugierig. »Mir hat von einem Fährmann geträumt, der sich beklagte, daß er immer hin und her fahren müßte und nicht abgelöst würde. Was ist wohl schuld?« – »He, der Dummbart!« antwortete der Teufel. »Wenn einer kommt und will überfahren, so muß er ihm die Stange in die Hand geben, dann muß der andere überfahren, und er ist frei.« Da die Ellermutter ihm die drei goldenen Haare ausgerissen hatte und die drei Fragen beantwortet waren, so ließ sie den alten Drachen in Ruhe, und er schlief, bis der Tag anbrach.
Als der Teufel wieder fortgezogen war, holte die Alte die Ameise aus der Rockfalte und gab dem Glückskind die menschliche Gestalt zurück. »Da hast du die drei goldenen Haare«, sprach sie, »was der Teufel zu deinen drei Fragen gesagt hat, wirst du wohl gehört haben.« – »Ja«, antwortete er, »ich habe es gehört und will's wohl behalten.« – »So ist dir geholfen«, sagte sie, »und nun kannst du deiner Wege ziehen.« Er bedankte sich bei der Alten für die Hilfe in der Not, verließ die Hölle und war vergnügt, daß ihm alles so wohl geglückt war. Als er zu dem Fährmann kam, sollte er ihm die versprochene Antwort geben. »Fahr mich erst hinüber«, sprach das Glückskind, »so will ich dir sagen, wie du erlöst wirst«, und als er auf dem jenseitigen Ufer angelangt war, gab er ihm des Teufels Rat: »Wenn wieder einer kommt und will übergefahren sein, so gib ihm nur die Stange in die Hand.« Er ging weiter und kam zu der Stadt, worin der unfruchtbare Baum stand und wo der Wächter auch Antwort haben wollte. Da sagte er ihm, wie er vom Teufel gehört hatte: »Tötet die Maus, die an seiner Wurzel nagt, so wird er wieder goldene Äpfel tragen.« Da dankte ihm der Wächter und gab ihm zur Belohnung zwei mit Gold beladene Esel, die mußten ihm nachfolgen. Zuletzt kam er zu der Stadt, deren Brunnen versiegt war. Da sprach er zu dem Wächter, wie der Teufel gesprochen hatte: »Es sitzt eine Kröte im Brunnen unter einem Stein, die müßt ihr aufsuchen und töten, so wird er wieder reichlich Wein geben.« Der Wächter dankte und gab ihm ebenfalls zwei mit Gold beladene Esel.
Endlich langte das Glückskind daheim bei seiner Frau an, die sich herzlich freute, als sie ihn wiedersah und hörte, wie wohl ihm alles gelungen war. Dem König brachte er, was er verlangt hatte, die drei goldenen Haare des Teufels, und als dieser die vier Esel mit dem Golde sah, ward er ganz vergnügt und sprach: »Nun sind alle Bedingungen erfüllt, und du kannst meine Tochter behalten. Aber, lieber Schwiegersohn, sage mir doch, woher ist das viele Gold? Das sind ja gewaltige Schätze!« – »Ich bin über einen Fluß gefahren«, antwortete er, »und da

habe ich es mitgenommen, es liegt dort statt des Sandes am Ufer.« – »Kann ich mir auch davon holen?« sprach der König und war ganz begierig. »Soviel Ihr nur wollt«, antwortete er, »es ist ein Fährmann auf dem Fluß, von dem laßt Euch überfahren, so könnt Ihr drüben Eure Säcke füllen.« Der habsüchtige König machte sich in aller Eile auf den Weg, und als er zu dem Fluß kam, so winkte er dem Fährmann, der sollte ihn übersetzen. Der Fährmann kam und hieß ihn einsteigen, und als sie an das jenseitige Ufer kamen, gab er ihm die Ruderstange in die Hand und sprang davon. Der König aber mußte von nun an fahren zur Strafe für seine Sünden.

»Fährt er wohl noch?« – »Was denn? Es wird ihm niemand die Stange abgenommen haben.«

Herr Kästner, wo bleibt das Positive?
Ja, weiß der Teufel, wo es bleibt.

Eben. Wenn's einer weiß, dann der Teufel. Wenn's einer wissen will, muß er's beim Teufel holen. Wenn einer das »Positive«, das dem Leben Zugewandte, in den bekannten, bewußten Bereichen seines Lebens nicht mehr auffinden kann, handelt er klug, auch einmal die unbekannten, unbewußten, »verteufelten« Aspekte seiner Person zu befragen. Wo der Drache haust, ist der Schatz nicht weit. Wer am Teufel ein gutes Haar läßt oder gar ihm drei goldene nimmt, besitzt Instinkt für Auswege. Und der tut not. Der weinspendende Marktbrunnen ist ausgetrocknet, der Baum mit den goldenen Äpfeln abgestorben, und der Fährmann sieht keinen Sinn mehr im täglichen Hin und Her.

Die Störungen in den großen Städten und an der Grenze des Königreichs sind fundamental, gehen von Grund aus; die Abhilfe wird radikal von den Wurzeln ausgehen müssen. Dazu taugt kein König, der seinen Gang in die Tiefe, zum Volk, nur dazu nutzt, seine Herrschaft, nicht aber sein Reich zu sichern; die Erneuerung kommt von weiter unten, soziologisch wie psychologisch. Der neue König trägt keinen Purpur von Geburt sondern seine Glückshaut, eine Auszeichnung von Natur statt Geschichte, und er herrscht nicht vom Thron herab, sondern bringt die Rettung aus der Unterwelt in die Welt herauf, vom Unbewußten ins absterbende Bewußtsein.

»Ich fürchte mich vor dem Teufel nicht« – das wäre eine Unabhängigkeitserklärung des Denkens, das mit seinen Gefühlen Kontakt aufnimmt, »ich fürchte mich« dagegen der verhindernde Teufelskreis, den nur eine genaue Grammatik des Fühlens unterbrechen kann: *wen* fürchte ich im eigentlichen Akkusativ? Zunächst doch *mich,* also die angsterregenden, weil unbekannten Bereiche meiner eigenen Person. Solange ich mich vor mir selbst, solange ich eigentlich mich selbst fürchte, kann ich nicht angemessen mit der realen und vielleicht überwindlichen Bedrohung umgehen. »Vor dem Teufel«, angesichts meiner mir fremden, vielleicht aggressiven inneren Unterwelt also, will ich aber nicht durch Furcht, die sich den Weg zu sich selbst verstellt, blockiert werden. Und wenn ich den Zugang zu meiner Unterwelt aufspüre, verändere ich nicht nur das eigene, sondern, mit Glück, auch öffentlicheres Bewußtsein.

So läßt sich unser Märchenheld voller Urvertrauen (die Glückshaut ist ein Stück vom Mutterleib, das haften bleibt als Talisman einer positiven Mutterbeziehung; alle Mütter im Märchen spüren das) in der ersten Märchenhälfte auf die Wege ein, die sein Unbewußtes ihn leitet, »verirrt« sich in rettende Fehlleistungen, wählt, als kürzesten Weg, den Umweg durch die Räuberhöhle der Ausgestoßenen, der ihn an der Mördergrube falscher Herrschaft vorüberführt: und steht vor den drei Rätseln, ohne deren Lösung äußere und innere Natur in gefährliche Stagnation geraten.

Drei Bilder, die den Märchenleser von heute nicht weniger betroffen machen als den von vorgestern, voll Hilflosigkeit und vager Angst, »warum unser Marktbrunnen, aus dem sonst Wein quoll, trocken geworden ist und nicht einmal mehr Wasser gibt, warum ein Baum in unserer Stadt, der sonst goldene Äpfel trug, jetzt nicht einmal mehr Blätter hervortreibt, warum ich immer hin und her fahren muß und niemals abgelöst werde«.

Der paradiesische Überfluß, in dem die Natur ihre Schätze anbot, in dem jeder nach seinem Vermögen handelte, weil ihm nach seinen Bedürfnissen zuteil wurde, ist zum Mangel geworden; der Mangel, so lernen wir fürchten, droht zur Lebensgefahr zu werden.

Sehen wir uns die drei Rätsel näher an.

In der ersten Stadt fehlt es am Nötigsten, am Wasser. Der König ist faul, die Bürger sind ratlos und fragen schon jeden hergelaufenen Fremden am Stadttor auf Verdacht, ob er »was wüßte«. Eine Ratlosigkeit, die uns nicht fremd erscheint angesichts der Frage, wie wir Heutigen dazu kommen, uns unsere Welt so zielstrebig zugrunde zu richten. Trinkwasser: Wir arbeiten daran, es uns so konsequent abzugraben oder zu vergiften, daß die Erinnerung an nieversiegende, lautere Quellen sich eines Tages von selbst zum Märchenbild vom unerschöpflichen Weinbrunnen verklären könnte. Erst am Mangel (Wasser) zeigt sich der verlorene Überfluß (Wein).

Auf dem Marktplatz der großen Stadt bleiben nicht nur die Weinkrüge leer, sondern auch die Gespräche versiegen, die an öffentlicher Stelle, der Agora, über öffentliche Interessen geführt werden müßten. Da wird am Symptom gerätselt, der Oberfläche, und nicht an der Krankheit, die in der Tiefe liegt. Weiß der Teufel, was da unten nicht stimmt, unter den mit Bürgersinn begrünten Müllhalden etwa: wo seit Jahren hochgiftige Stoffe ins »Brunnenwasser« sickern, so lange, bis weiter oben, an der Oberfläche, die ersten toten Fische und Vögel auftauchen. Die Kröte, die keiner sieht und sehen will, die so häßlich ist, daß man sie zwar nicht schlucken, aber auch nicht anfassen kann, heißt derzeit Dioxin und sitzt nicht nur im Brunnen vor dem Tore, sondern mitten in der Stadt.

Auch im Märchenbrunnen bleibt das häßliche Wesen lange verborgen, weil keiner dem Problem auf den Grund gehen will. Die Kröte bleibt unterm Stein, das Problem unter Verschluß; wer sich dranwagt, ist des Teufels. Und selbst die unheilige Familie bedarf eines »schweren Traum's«, um hier Rat zu schaffen: den nämlich, daß die Bürgerschaft ihr Problem nicht länger ignorieren oder als unlösbar vertagen darf, sondern, soviel Widerwille es auch erregt, sich mit ihm und den Bedingungen seines Zustandekommens vertraut machen und es von Grund auf beseitigen. Und das heißt nicht weniger, als sich auf die Tiefen und Beschädigungen des individuellen und gemeinsamen Unbewußten einzulassen, den häßlichen und schädlichen Gefühlen und Blockierungen nachzugehen, die das seelische Leben so verödet haben.

Der Baum, der seine Blätter verliert, hätte uns vor wenigen Jahren noch als »schönes« Symbol irgendeiner Herbstlichkeit berührt. Inzwischen hat uns die Realität sterbender Wälder eingeholt, deren Herbst eher end- als jahreszeitliche Bilder heraufbeschwört. Zwar werden wir auf das Absterben unserer Natur zuverlässig erst dann aufmerksam, wenn wir ihre Früchte zu vermissen beginnen, und die Äpfel des letzten Herbstes werden um so goldener erscheinen, je kahler die Bäume in diesem Mai stehen. Aber wenn der Tod der Wälder nicht mehr nach draußen, vor die Mauern, zu verdrängen ist, sondern in den Kern der Stadt und ihres Lebensbaums dringt: Wenn der Baum der Bäume kein Laub mehr treibt, da folgt dem Herbst kein Frühling mehr, dann wird der Winter ewig. Archaische Bilder von Götterdämmerung und Weltende, die durch das Verdorren des Weltenbaums der germanischen Mythologie angekündigt werden, scheinen aus dem kollektiven Unbewußten aufzusteigen und sich dem öffentlichen Bewußtsein wieder anzunähern: »Wenn der Wald stirbt, stirbt der Mensch« (Spiegel-Titel 2/1984) lautet die Warnung, mit der erste Zusammenhänge zwischen wachsendem Kindersterben und den Umweltgiften zugrunde gehenden Wäldern nachgewiesen werden. »Der Slogan . . . scheint mehr Apokalypse denn Realität zu suggerieren. Aber das scheint eben nur so.«

Nun ist die Welt in unserem Märchen noch heil genug, nicht in Untergangsphantasien zu versinken, sondern wie zuvor Rat zu suchen und zu finden. Der scheint auf den ersten Blick billig: eine Maus! Guter Rat muß teuer sein: Lieber soll der Waldboden mit Kalk zugeschüttet werden als die Schornsteine entgiftet (Spiegel-Titel 34/1983). Im Märchen genügt das Augenmaß, den sonst harmlosen, alltäglichen Schädling in seiner Gefährlichkeit einzuschätzen, sobald es ihm gelingt, unentdeckt an sensibler Stelle dauerhaft zu werden, als chronisches Übel an der Wurzel. Nagende Schäden am Fundament, das weiß, wer ein »Gewerbe« versteht, bedrohen das Ganze, das psychische und das ökologische Ganze, innere und äußere Natur gleichermaßen. Wenn das, was nicht stimmt, an der Wurzel sitzt, kann die Veränderung sich nicht an den goldenen Früchten orientierten (»Fruchtziehung« heißt ein juristischer Ausdruck für Kapitalertrag), sondern muß radikal werden, bei den Wurzeln anfangen. Seelisches und biologisches »Wachstum« wird verkümmern, wenn das Präfix »Wirtschafts-« zu lange daran nagt. »Wann werden die Weißen erkennen, daß man Geld nicht essen kann?« lautet deshalb die Frage eines weisen Indianers. Im Märchen jedenfalls, meint der Teufel, und seine Haare sind golden, ist es noch nicht zu spät.

Was im Leben des Fährmanns, der dritten Rätselfigur, nicht stimmt, ist kein greifbarer Mangel, der nicht »elementar« an äußerer Natur in ihren mißhandelten Elementen Wasser (Brunnen) oder Erde (Baum) zu herrschen scheint, sondern eher in der inneren Natur dieses charon-artigen Außenseiters, der mit Sysiphusmüdigkeit seine Arbeit am Rande der Welt verrichtet. Oder ist der Eingang zur Unterwelt gar nicht so weit von den Städten des Reichs entfernt, wie ja auch die Hölle mit ihrem biederen Personal der Vorstadtidylle wesentlich näher steht als der Metaphysik.

Der Fährmann scheint an einer weniger mythischen, eher konkreten Wiederkehr des Immergleichen (oder Verdrängten?) zu leiden, an mechanischer, entfremdeter Arbeit, die die Seele kränkt. Ein Melancholiker vielleicht, der durch lebenslängliche Verdrängung seiner Aggressivität gelähmt und in den Sielen bleibt, wenn ja doch keiner kommt, ihn »abzulösen«. Der neue König jedenfalls scheint die Brisanz zu ahnen, die hinter einer Emanzipation vom entfremdeten »Hin und Her« steht, und macht den Unterdrückten mit seinen Kräften erst dann vertraut, als er sich deren Reichweite zuverlässig entzogen hat. Der »Erlöser« tut gut daran, die freiwerdende Wut des Erlösten übers bisher bewußtlose Elend in seine Aufklärung miteinzubeziehen. Instinktsicher schützt er sich davor, ihr erstes Opfer zu werden und schürt sie dem zum Schaden dessen, der sie zu verantworten hat: dem falschen König, dem, Märchengerechtigkeit, schon bald die Galeerenarbeit seiner Untertanen an den Händen kleben soll statt des sackweisen Goldes.

»Des Teufels Rat«, sich selbst zum Subjekt seiner Arbeit zu machen, »auszusteigen« aus der Zumutung und vergnügt zu desertieren in andere Lebensqualitäten (»und sprang davon«), hat den in Pflicht, Entfremdung und falscher Sicherheit Fixierten »erlöst« und seine eigentliche Natur wieder zum Fließen und Blühen gebracht wie den Marktbrunnen und den Baum mit den goldenen Äpfeln.

Sicherlich handelt unser Märchen von der Ablösung einer schlechten Herrschaft durch eine bessere, vielleicht von einer Art Wertwandel und Paradigmenwechsel. Der Titel nennt jedoch nicht das Glückskind, sondern den Teufel, der sich goldene Wahrheiten entreißen läßt. Offensichtlich also setzt der zu planende Himmel auf Erden ein Stück Unterwelt voraus, kann kein junger König das mit ihm gemeinte lebenserneuernde Prinzip durchsetzen, ohne Kontakt mit den abgetrennten, nach »unten« verdrängten Kräften aufzunehmen. So wäre der Geist, der stets das Böse will (wenn wir ihn abspalten) und stets das Gute schafft (wenn wir ihn annehmen) der Teufel auf Goldgrund, ein unentbehrlicher Ratgeber, ja das alter ego des Erlösers, des erneuerten, rettenden, mit dem Unbewußten verbündeten statt verfeindeten Bewußtseins.

Manche Motive dieses Märchens – Herodes' Kindesmord in Erwartung des neuen Königs; Moses' Aussetzung im Nil; der Urias-Brief; die Äpfel der Hesperiden; die Höllenfahrt des Erwählten – weisen auf das hohe Alter seines Stoffes hin, die Jenseitsreise des göttlichen Helden Izdubar.[2] Sein Überleben in der Sammlung der Brüder Grimm und damit seine Erzählbarkeit durch die Jahrhunderte zeigen die Attraktivität, die jede beliebige Epoche an einem Erzählstoff finden kann, der die Erneuerung schlechter Herrschaft von unten her vorschlägt: ein Machthaber, der sich durch Bestechung, Mord und Handeln-Lassen im Amt zu halten versucht und seinen eigenen Intrigen zum Opfer fällt; Untertanen, die, je »randständiger« desto beherzter (Geächtete und alte Frauen) den Machtwechsel voranzutreiben und »einen der Ihren« zu legitimieren wissen; ein Kinderkönig, der von guten Müttern geboren, gezeichnet und wiedergeboren wird, so sanft wie mutig ist (sein vertrauensvoller Schlaf in der Räuberhöhle ähnelt dem des brüderlichen Teufels im Großmutterschoß; Regressionsfähigkeit verursacht Selbstbewußtsein), sich klein machen (unter Großmutters Rockfalten) und überzeugend großtun kann (»ich weiß alles«), mit väterlicher und mütterlicher, männlicher und weiblicher Welt gleich selbstverständlich umzugehen weiß und darüber seiner eigenen und der äußeren Natur so nahe geblieben ist, daß er ihre Störungen zu heilen vermag; schlechte Träume, deren Verständnis gute Realität bewirken kann – dies alles sind Bilder, die den Ängsten und Hoffnungen sehr verschiedenartiger persönlicher und gesellschaftlicher Situationen entgegengekommen sein mögen. Wir brauchen keine Kinder sein, um in einem Märchen auch unsere eigenen Ängste und Hoffnungen wiederzufinden.

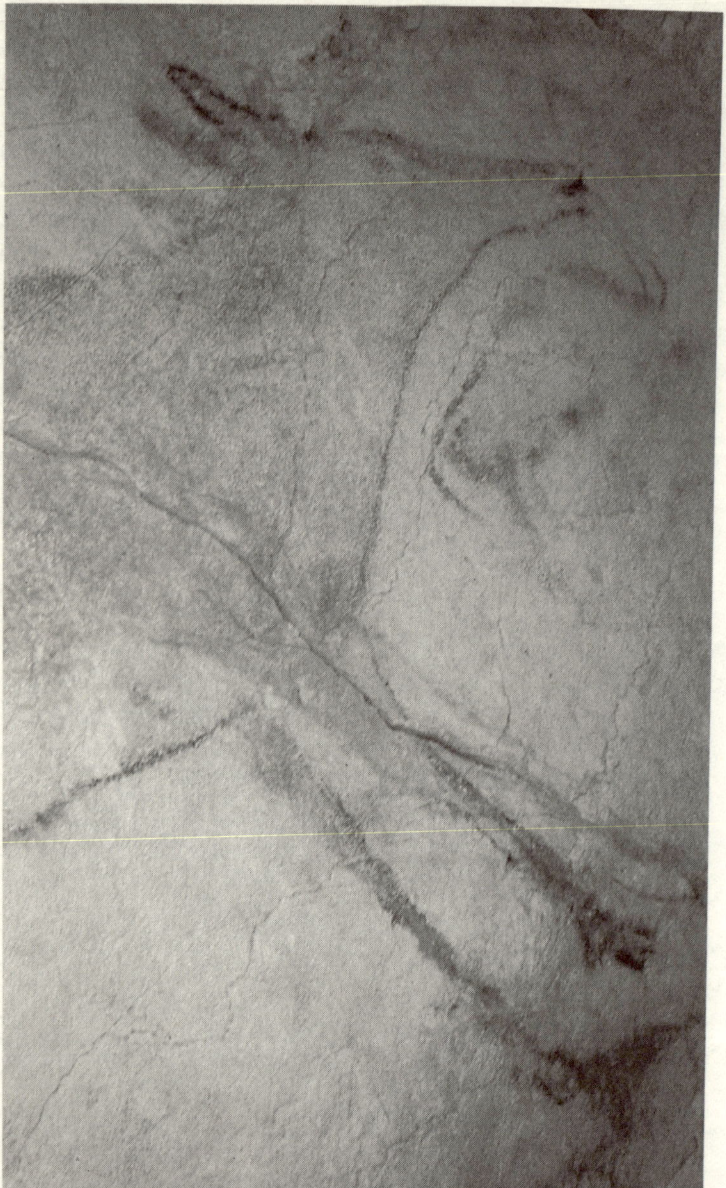

HANS-GEORG TRESCHER

Magie und Empathie

Magie und Empathie sind schillernde Begriffe. Sie umschreiben Erlebens- und Verhaltensweisen, die in unserer digitalen, begriffslogischen Sprache nur schwer zu erfassen und zu (be-) greifen sind. Es handelt sich im wesentlichen um *vor*sprachliche, in Sprache nur unzureichend aufgehobene Erfahrungsdimensionen und Erlebnisqualitäten: »Abrakadabra«.

Vielleicht spiegeln sich in solchen Begriffen jene Laute wider, die das kleine Kind ohne sinnlogisches Verständnis einst von den allmächtigen Erwachsenen vernommen hat. Vielleicht zeigen sich hierin aber auch die archaischen Wünsche und Sehnsüchte des hilflosen und ohnmächtigen Kindes: so mächtig und unzerstörbar zu sein, wie es die Großen erlebt, von denen es in unsagbarer Weise abhängig ist.

Die Machtworte des Zauberers, seine Bann- und Zaubersprüche, sind also blasse Abbilder der einst wirklichen Macht(-Worte) der Eltern. Daß der Glaube an die Magie (und nicht nur dieser) aus den infantilen Quellen gespeist wird und seine Ursache im infantilen Seelenleben hat, bedeutet jedoch noch nicht, daß Magie nicht wirksam sei.

Die Laute der Großen »versteht« das Kind zunächst nicht. Die digitalen Bedeutungsgehalte ihrer Rede bleiben ihm noch verschlossen. Das kleine Kind ist auf eine andere, umfassendere aber weniger differenzierte Form der Wahrnehmung angewiesen, auf Empathie. Und auch die Eltern bedürfen der Einfühlung, um die Bedürfnisse des kleinen Kindes erfassen zu können. *Spitz* spricht hier von der »coenästhetischen Wahrnehmung« (vgl. 1969), die anderen und komplexeren Prinzipien als der sinnlogisch diakritischen folgt. Die Wurzeln dieser beiden Versuche der Weltbewältigung (Magie und Empathie) liegen also in einem individuell-lebensgeschichtlich sehr frühen Entwicklungsstadium, vor der Einführung der Sprache.

Auch stammesgeschichtlich betrachtet ist die Magie einer der ersten Versuche der Menschen, aus dem ungebrochenen Naturbann und Naturzwang herauszutreten. Die Vermutung etwa, daß die eindrucksvollen und prächtigen Ergebnisse der Höhlenbildkunst der Altsteinzeit in Altamira, Lascaux oder Font-de-Gaume (um nur drei Fundorte zu nennen) rituell auch für die magische Anrufung und Erzwingung des Jagdglücks genutzt wurden (vgl. z. B. *Biedermann* 1977), verweist darauf, daß die steinzeitlichen Künstler nicht einfach durch friedvolle und kreative Musestunden zur bloßen Abbildung der sie umgebenden Natur verführt, sondern von der Lebensnot zu ihrer Kunst getrieben wurden: vom Versuch, auf die Natur einzuwirken, sie zu beeinflussen und damit ein Stück der Hilflosigkeit ihr gegenüber und einen Teil des passiven Ausgeliefertseins an ihre undurchschaute und archaische Macht zu überwinden. Doch die Kohle- und Rötelzeichnungen oder die Reliefarbeiten der Jäger bilden nicht einfach nur die erhoffte Jagdbeute ab. Der Jäger der Altsteinzeit hat den Bison mit Hilfe seiner künstlerisch-magischen Tätigkeit selbst *erschaffen*. Er sucht, findet und verwirklicht in seiner Arbeit *den* Bison, ergründet dessen ureigensten Namen, das »Wesen« der Gattung, das Sein des Bisons. Das wirkliche Tier, das von der Jagdgruppe mit Glück und Geschick später erlegt wird, schmälert die Bedeutung der künstlerischen Erschaffung nicht. Hier ist nicht die vergängliche Erscheinung des einzelnen Exemplares in der Wirklichkeit thematisiert: Auch der neuzeitliche Betrachter kann erfassen, daß das »Wesen« des Bisons in die Höhlenwand eingeschrieben wurde und noch immer lebendig ist. Seine Schöpfung durch die Magie des Künstlers hat damals ein Stück der Furcht von den Menschen genommen, den archaischen Schrekken angesichts der scheinbar nicht verstehbaren Natur in ihrer Macht und Willkür gemildert. Insofern trägt die Magie der Steinzeitmenschen Elemente der Befreiung in sich. Sie konstituieren sich mit deren Hilfe als handelnde, aktive Subjekte. Diese Magie ist Aufklärung, Versuch der Befreiung von Lebensnot (vgl. differenzierter: *Horkheimer/Adorno* 1969).

Das bisher konkretistisch Entfaltete (Erschaffung und Jagd des Bisons) bleibt selbstredend weitgehend spekulativ, beeinflußt vom Versuch eines hier und heute Lebenden, sich in steinzeitliche Lebenspraxis und Lebenserfahrung hineinzuversetzen (und deshalb mit allen Hemmnissen der kulturindustriell präformierten Entwürfe von Abenteuerreisen, Science-Fiction-, Abenteuerromanen und -filmen usw. behaftet). Gleichwohl, die steinzeitliche Jagd besitzt für den heute Lebenden nur insoweit Realität, als er diese, für sich und kulturell borniert, neu in seiner Vorstellung erschaffen kann. Auch dieser Vorgang hat etwas mit Magie zu tun, aber auch – und das ist nicht alternativ zu verstehen – mit Empathie.

Exkursionen in die Wirklichkeit

Das Programm der Aufklärung hat, 20000 Jahre nach der Erschaffung des Bisons durch den Steinzeitmenschen, der empathisch-magischen Naturverbundenheit und Naturbewältigung den Endkampf mit den Mitteln der Vernunft angesagt. Ein Blick auf die heutige Alltäglichkeit jedoch genügt, um die blasse Überzeugungskraft ihres zur rationalisierten Anwendung verkommenen Gehalts zu offenbaren.

Die Zuchtrute des Lichts

In der »Frankfurter Allgemeinen« vom 11. 9. 1981 konnte der interessierte Leser unter der Überschrift »Alle Flüche seit Moses auf das Haupt eines bestimmten Archäologen«, folgende Zeilen zur Kenntnis nehmen:

»*Tel Aviv,* 10. September. Die ultraorthodoxe Gemeinde in Israel ist offenbar entschlossen, mit allen Mitteln ein Ende der archäologischen Grabungen in der »Stadt Davids« südlich des Tempelberges der Jerusalemer Altstadt herbeizuführen. Die Eiferer im Jerusalemer Mea-Schearim-Viertel planen . . . den Einsatz magischer Mittel . . . In der Nacht zum Samstag will ein religiöser Gerichtshof der Ultraorthodoxen . . . in einem »Ritus der schwarzen Kerzen«, auch aramäisch »Pulsa d'Nura« (»Zuchtrute des Lichts«) genannt, »alle Flüche seit Moses« auf das Haupt »eines bestimmten Archäologen« herabbeschwören. Der Name des Archäologen wird den Frommen zufolge deshalb nicht genannt, weil es bisher nicht gelungen sei, den Namen der Mutter zu erfahren, der in diesem kabbalistischen Ritus vorkomme. ... In den vergangenen dreißig Jahren sei die »Pulsa d'Nura« zweimal mit schwerwiegenden Folgen zelebriert worden, behaupten die Ultraorthodoxen« (*Frankfurter Allgemeine Zeitung* vom 10. 9. 1981, S. 9).

Um besagte »Zuchtrute des Lichts« in Anwendung bringen zu können, wird der Name der Mutter des Archäologen benötigt. Hier begegnen wir der Vorstellung einer archaisch mächtigen Mutter. Erst die Kenntnis ihres Namens (und damit ihre Entmachtung) macht den Bannspruch, der den Sohn treffen soll, möglich.[1] Bezugnehmend auf den oben skizzierten Gedanken, daß die individuell-lebensgeschichtlichen Wurzeln der Magie in sehr frühen Erfahrungen wurzeln, kann hier vom allmächtigen »Selbst-Objekt« *(Kohut)* des kleinen Kindes gesprochen werden, von dem es abhängig ist und ohne dessen Liebe und Fürsorge es zu dieser Zeit nichts ist. Kohut spricht hier von der »idealisierten Elternimago« (vgl. 1973, 1979). Um den Archäologen treffen zu können, gilt es erst dessen Beschützer, jenes allmächtige, archaische Mutter-Objekt zu bannen. Wir werden im folgenden noch mehrmals auf solche frühen Bilder und Figuren des Erlebens zurückkommen.

Telecult Power

Seit etlichen Jahren findet sich in verschiedenen Zeitschriften der »Regenbogenpresse« immer wieder eine fast ganzseitige Anzeige, in der für das Buch »Telecult Power« geworben wird. In dieser Werbung wird bezugnehmend auf Herrn Reese P. Dublin (wohl der Autor besagter Schrift) allerlei Erstaunenswertes berichtet. So unter anderem, wie mit dieser für DM 39.– zu erwerbenden Anleitung »ein Farmer in den Besitz eines Topfes voll Geld gelangt ist. ... Wie eine Frau diese Methode benutzt hat, ihre verlorene Jugend wiederzugewinnen. ... Wie eine andere Frau das Erscheinen eines Mannes befohlen hat ... direkt

aus der Luft. ... Wie ein Mann stumme Befehle ausgeschickt hat, die andere befolgen mußten« und dergleichen mehr.
Es ist keine Frage, hier wird die Erfüllung archaischer Sehnsüchte nach magischer Macht und Stärke, nach Unverletzlichkeit und Grandiosität versprochen. Der Gebrauch des »Telecult Powers« soll es vollbringen können: endlich die Lebensnot überwinden, nicht mehr klein, endlich und unvollkommen sein, sondern mächtig, grandios, göttlich.
Hatten bei der »Zuchtrute des Lichts« die frühen Erfahrungen mit der Mutter und deren Namen und Macht eine wesentliche Rolle gespielt, finden wir hier den anderen Pol der frühen Mutter-Kind-Einheit thematisiert: das Phantasma eines grandiosen allmächtigen Selbst. Beide Konstellationen, die der »idealisierten Elternimago« und die des »Größenselbst« (vgl. *Kohut* 1973, 1979), sind jedoch im Erleben des sehr kleinen Kindes nicht klar voneinander unterschieden. Die frühen Erfahrungen und Phantasmen, die im letztgenannten Beispiel als Hoffnung auf die uneingelöste Erfüllung wiederbelebt werden, wurzeln in einem Entwicklungsstadium, in dem Selbst und Objekt (noch) nicht voneinander getrennte Erlebnisbestimmungen sind.[2]

Die Zaubermünze

Wenden wir uns nun endlich der Empathie und Magie in der Pädagogik zu, zunächst kurz einer Episode aus einer heilpädagogischen Einzelarbeit, dann – ausführlich – der Magie und Empathie im schulischen Bereich.
Fritz ist elf Jahre alt und zeigt erhebliche Verhaltensstörungen. Er stammt aus einer sozial benachteiligten Familie und lebt in einem vom zuständigen Sozialarbeiter so genannten »Frauenhaushalt« mit seiner Mutter und seinen vier Schwestern. Vom Vater ließ sich die Mutter vor ca. sechs Jahren scheiden, weil dieser sie selbst und die Kinder fortgesetzt körperlich mißhandelte. Im Alter von fast vier Jahren war Fritz für neun Monate in einem

Heim untergebracht gewesen, ebenso für fünfzehn Monate, als er acht Jahre alt war. In die Familie kam er zurück, weil er nach einem Besuch zuhause keinesfalls mehr ins Heim zurückwollte, sich auf den Boden warf und schrie und erst nach Stunden durch das Versprechen, in der Familie bleiben zu dürfen, beruhigt werden konnte. Fritz ist als Unfallkind bekannt. Mehrfach hatte er schon Verkehrsunfälle, ist von Bäumen schwer gestürzt und hat sich anderweitig verletzt. Sein schwerwiegenster Unfall hatte sich in der Schule zugetragen. Dort hatte er geprahlt, er könne die Treppen eines Stockwerks unbeschadet hinunterspringen. Der Unglauben seiner Mitschüler verführte Fritz dazu, seine Fähigkeit unter Beweis zu stellen: Er kletterte über das Treppengeländer und sprang. Diese Mutprobe hatte eine Stirnbeinfraktur, eine Operation sowie eine Nachoperation mit entsprechend langen Krankenhausaufenthalten zur Folge. Auch nach diesen schwerwiegenden Ereignissen kam es noch zu mehreren Unfällen mit Arm- und Beinfrakturen.

Fritz ist sehr aggressiv, jähzornig, oft gewalttätig und erpreßt seine Mutter mit Suiziddrohungen. Und er hat erhebliche Ängste. Nachts wacht er oft schreiend auf und kann nur schwer beruhigt werden. Auch näßt er manchmal noch ein.

Seit ca. vier Monaten ist er in einer heilpädagogischen Einzelbetreuung. Über seine Wut und Angst kann er jedoch nur verschlüsselte Mitteilungen machen. Er malt unzählige Bilder von riesigen Drachen und anderen Monstern (»Godzilla«, »King Kong« usw.), die Städte vernichten und von Panzern und Flugzeugen angegriffen werden. Er erzählt von Zombies (d. h. lebenden Toten), Vampiren und anderen Schreckensgestalten – nur nicht von seinen Alpträumen oder seinen Ängsten, Wünschen und Erlebnissen. Besonders gern mag Fritz Würfelspiele. Dabei versucht er durch Zauberworte und -sprüche sowie durch magische Handbewegungen das Spielglück zu beeinflussen. Sein Therapeut verfährt bald ebenso und es ist schwer zu entscheiden, wer von beiden der mächtigere Zauberer ist. Fritz' Verhaltensauffälligkeiten haben während des bisherigen Therapieverlaufes etwas nachgelassen, nicht jedoch sein nächtliches Aufschrecken und seine Alpträume. Fritz' Therapeut beschließt nun den Einsatz magischer Mittel. Zur nächsten Sitzung bringt er eine alte ausländische Münze mit und erzählt Fritz, daß man diese so verzaubern könne, daß sie, nachts unter das Kopfkissen gelegt, Alpträume vertreiben würde. Fritz tut zunächst sehr ungläubig, läßt sich dann aber auf das Spiel ein. Der erwachsene Magier erklärt Fritz nun das Zauberritual: Er müsse zunächst einen alten Zauberspruch auswendig lernen, den er gleich zu hören bekomme, dann den Raum verdunkeln und eine bereitliegende Kerze entzünden. Dann müsse, zuerst vom Therapeuten, dann von ihm selbst, der Zauberspruch langsam aufgesagt werden, wobei jeder den Zeigefinger der linken Hand auf die Münze zu leben habe. Wenn dieses Ritual vollzogen sei, hätte die Münze die Macht, Alpträume zu bannen. Dies war der Zauberspruch:

Hexenbrut und Krötenei,
Schlangenschleim und Saurierbrei,
schnell vermischt und eins, zwei, drei,
mächtiger Zauber – schnell herbei!

Zombibiß und Zaubermacht
geht in diese Münze ein!
Und laßt dann in dunkler Nacht
Träume wieder Schäume sein!

Das Ritual wurde entsprechend der Anweisung vollzogen. Fritz legte die Münze unter sein Kopfkissen, und seit dieser Zeit sind seine Alpträume und das nächtliche Aufschrecken verschwunden. Wir wollen nun nicht weiter fragen, wie diese Veränderung[3] zustande kam. Aber offenbar hatte diese etwas mit der Empathie des Heilpädagogen für die psychische Wirklichkeit seines Klienten zu tun. Seine (differenziert geplante) Intervention zielte im Sinne *Zulligers* (vgl. 1951, 1966, 1979) auf die »direkte Rede mit dem Unbewußten« von Fritz und auf eine Stabilisierung und Stärkung seiner Abwehr gegen archaische Vernichtungs- und Verfolgungsängste.

Doch nun zum schulischen Bereich.

Lehrerwechsel: Wiederkehr und Erneuerung von Ängsten vor Objektverlust

Die Referendarin ist seit gut drei Monaten in ihrer neuen Klasse und unterrichtet zusammen mit ihrer Praxisanleiterin (der Klassenlehrerin) eine 5. Klasse. Die Kinder sind zwischen 11 und 13, ein Junge ist 14½ Jahre alt. Sie sind Schüler an einer Sonderschule für Lernbehinderte.

Wie so oft bei neuen Lehrkräften testet die Klasse die Grenzziehungen der neuen Lehrerin; der Spielraum von Beziehungsstrukturen wird erprobt und eine Beziehung zur Lehrerin wird hergestellt. Zunächst gibt es keine übermäßigen Konflikte, der Unterricht verläuft mit den normalen Problemen, Anstrengungen und Freuden. Beide Lehrerinnen der Klasse haben ähnliche Schwierigkeiten beim Umgang mit der Klasse.

Plötzlich verändert sich jedoch das Verhältnis der Schüler zu den beiden Lehrerinnen. Die Klasse hat erfahren, daß in sechs Wochen die Referendarin die Klasse alleine übernehmen wird. Zunehmend gestaltet sich nun deren Unterricht schwieriger, sie hat erhebliche Autoritäts- und Disziplinprobleme mit den Kindern, der Unterricht verläuft unbefriedigend für alle Beteiligten. Je mehr sich die Lehrerin bemüht durch intensive Vorbereitung den Unterricht farbig und interessant zu gestalten, desto mehr scheinen die Schüler ihre Bemühungen zu sabotieren.

Merkwürdigerweise ist bei der aus der Klasse in Bälde ausscheidenden Klassenlehrerin die gegenteilige Situation zu beobachten. Der Unterricht verläuft in entspannter und anregender Atmosphäre, die Schüler arbeiten mit, und ihr geht der Unterricht leicht von der Hand. Die Arbeit in der Klasse gestaltet sich so, wie sie es sich eigentlich schon immer gewünscht hatte. Die Situation der Referendarin ist hingegen geradezu konträr zu dieser. Entsprechend ist ihre psychische Verfassung: Sie spricht resigniert vom »Praxisschock«, zweifelt an ihrer Befähigung zum Lehrerberuf, fühlt sich hilflos, ohnmächtig und oft wertlos sobald sie nur an die Schule denkt. Der sichtbar große Erfolg der »alten« Lehrerin und ihr ebenso offensichtlicher Mißerfolg in der

gleichen Klasse erschüttern nachhaltig ihr Vertrauen in die eigene pädagogische Leistungsfähigkeit und Kompetenz.
Trotz vielfacher Bemühungen von seiten der Referendarin hält die gestörte Interaktion zwischen ihr und der Klasse über Wochen an. Immer noch verläuft der Unterricht oft chaotisch, obwohl die Lehrerin strukturiert, Ge- und Verbote setzt und durchsetzt. Subjektiv glaubt sie nur noch eine Alternative zu haben: Entweder sie verläßt die Klasse, bittet den Rektor um Versetzung und gesteht damit ihre Unfähigkeit ein, oder sie greift zu drakonischen Dressurmethoden und bricht den (Lernun-)Willen der Kinder, indem sie z. B. streng bestraft, gegebenenfalls die Eltern zu weiteren Bestrafungen veranlaßt, einzelne Schüler isoliert, nachsitzen läßt usw. Doch auch damit würde sie ihr Unvermögen, mit der Klasse auf pädagogisch sinnvolle Weise fertigzuwerden, nur unterstreichen.
»Entweder ich gehe kaputt oder ich mache die Kinder kaputt«, beschreibt sie ihre scheinbar einzige Alternative in der Supervision. Hier erarbeitet sie die Hypothese, daß sich ihre Klasse in verschlüsselter Form mit dem Ausscheiden der Klassenlehrerin auseinandersetzt und durch ihre Lernverweigerung auf einer Austragung des Trennungsthemas besteht. Scheinbar spaltet die Klasse die beiden Lehrerinnen in ein gutes und ein böses Objekt auf. Dadurch entziehen sich die Kinder der Trauer um den bevorstehenden Objektverlust und den Gefühlen der Wut und Enttäuschung aufgrund des Verlassenwerdens. Um diese Hypothese zu prüfen, will die Referendarin ein Märchen (Hänsel und Gretel) vorlesen, in dem ebenfalls das Trennungsthema, insbesondere aber die Angst vor dem bösen (Mutter-)Objekt, der Hexe, artikuliert wird.
Diese Probeintervention hat unerwartete Folgen. Während die Referendarin das besagte Märchen vorliest, herrscht zum erstenmal seit Wochen in der Klasse völlige Ruhe. Die Kinder hören gebannt zu.
Am darauffolgenden Tag beginnt die Klasse, die Referendarin als Hexe zu bezeichnen. Sie weiß nicht, welcher Schüler sie erstmals so genannt hat, aber die Klasse nimmt diese Phantasie

sofort an. Auf die Frage der Lehrerin an die Kinder, was sie zu dieser Namensfindung veranlaßt hätte, bekommt sie zur Antwort: »Weil sie eben eine Hexe sind, und außerdem haben sie rote Haare.«

Soweit die damals aktuelle Situation von Lehrerin und Klasse. Drei Punkte fallen zunächst auf:

1. Die verstärkten Unterrichtsprobleme der neuen Lehrerin beginnen damit, daß die »alte« Lehrerin den Lehrerwechsel ankündigt.
2. Daraufhin verhalten sich die Kinder bei beiden Lehrerinnen extrem unterschiedlich. Bei der »alten« Lehrerin gehen sie weitgehend auf ihre Unterrichtsangebote ein, sie verhalten sich relativ diszipliniert und arbeiten mit. Bei der Referendarin zeigen sie plötzlich erhebliche Disziplinschwierigkeiten, lehnen ihren Unterricht ab, sind unkonzentriert, übermäßig verspielt und arbeiten im Unterricht kaum mit. Die neue Lehrerin ist entsprechend hilflos und zweifelt an ihrer pädagogischen Eignung und spielt mit dem Gedanken die Klasse abzugeben.
3. Die Kinder beginnen plötzlich und scheinbar unmotiviert, ihre neue Klassenlehrerin als Hexe zu bezeichnen.

Es ist deutlich, daß sich etwas Irrationales, scheinbar Unverständliches in der Beziehung Lehrerin/Klasse mit Vehemenz Ausdruck verschafft. Ein Beziehungsproblem stört hier offensichtlich die Arbeitsebene des Lernprozesses.

Konfliktträchtige und irrationale Interaktionsverläufe sind nun selten logisch, aber regelmäßig psychologisch, genauer: psychoanalytisch erklär- und verstehbar. Die psychoanalytische Betrachtungsweise unterstellt (und dies ist zureichend belegt), daß irrationales Verhalten einen subjektiven Sinn, ein lebensgeschichtlich verankertes und aktuell zur Auslösung gebrachtes Motiv besitzt. Dieses Motiv wurzelt in handlungsleitenden (unbewußten) Phantasien über Realität, die mit der realitätsgerechten, »erwachsenen« Deutung der Wirklichkeit nicht übereinstimmen und deshalb die Wahrnehmung und die Interpretation des aktuellen Geschehens verzerren. Der starke affektive Gehalt und die hohe emotionale Betroffenheit in konflikthaften Beziehungssituationen behindern Lernprozesse, weil diese eine relative Konfliktfreiheit des Ich zur Bedingung haben. Eine emotional und affektiv stark beanspruchte Person hat gleichsam nur wenig Kapazitäten frei zur Konzentration auf den Lerngegenstand. (Hierin liegt übrigens eine häufige Ursache für Konzentrationsstörungen bei Schülern.)

Pädagogische Probleme im Umgang mit Lernen und Lehren treten in der Regel dann auf, wenn bestimmte Ereignisse unbearbeitete oder noch nicht zureichend bewältigte schmerzhafte Erfahrungen wiederbeleben. Im dargestellten Fall handelt es sich offensichtlich um das konfliktreiche Thema Trennung und Verlassenwerden.[4] So bewirkte die Ankündigung des Lehrerwechsels gleichsam ein Aufbrechen alter seelischer Wunden, die kaum verheilt waren. Die Ankündigung der bevorstehenden Trennung, des Verlassenwerdens durch die »alte« Lehrerin fungierte als »szenischer Auslösereiz« (Lorenzer) für die Aktualisierung früherer Trennungserfahrungen und die sie begleitenden Gefühle der Angst, Hilflosigkeit und Wut und für die damals erworbenen Umgangsweisen mit dieser Situation.

Warum aber richtet sich die Enttäuschung und Wut der Klasse nun nicht gegen den vordergründigen Aggressor, die »alte« Lehrerin, die die Klasse ja verläßt? Mehrere Hypothesen scheinen möglich. Die Klasse trägt augenscheinlich Angst und Wut ausschließlich mit der neuen Lehrerin aus und hält so die Beziehung zur »alten« relativ konfliktfrei. Die Kinder ersparen sich damit die notwendige Trauer um den bevorstehenden Objektverlust, aber auch die Konfrontation mit Gefühlen der Ohnmacht und Wertlosigkeit, die aus der Mißachtung ihrer Wünsche resultieren. Die Ohnmacht der Kinder in dieser Situation wird bei der neuen Lehrerin als reaktive Demonstration der Wut und Macht agiert. Bei dieser sind sie nicht zu bändigen, *sie* lösen Angst aus und entwerten die Lehrerin. Die emotionale Situation der neuen Lehrerin ist der der Kinder in bezug auf die »alte« Lehrerin vergleichbar.

Möglicherweise sehen die Kinder im Ausscheiden der »alten« Lehrerin eine Strafe oder eine Vergeltung für ihre vergangenen bösen Wünsche und Taten.

Das Wohlverhalten ihr gegenüber mag dann auch dem Wunsch entsprechen, sie zum Bleiben in der Klasse zu verführen, wohingegen die neue Lehrerin vertrieben werden muß. Sie entspräche dann in der Phantasie der Kinder einem verfolgenden und zerstörerischen Objekt (vgl. *Klein* 1972; *Winnicott* 1974), das die Bindung zwischen Kindern und »alter« Lehrerin zu vernichten trachtet.

Die Projektion der eigenen Wut und der zerstörerischen Wünsche auf die Referendarin spielt hier eine wesentliche Rolle, aber auch die mit der eigenen Wut verbundenen archaischen Schuldgefühle und Strafängste. Diese werden jedoch von den Kindern nicht bewußt wahrgenommen, sondern direkt in Handlung umgesetzt, d. h. agiert. Sie provozieren die Bestrafung durch erneutes Verlassenwerden. Dies ist gleichsam eine Flucht nach »vorne«: »Die reale Strafe schützt vor der phantasierten« (*Schmideberg* 1931, S. 316). Eine vollzogene Bestrafung böte Schutz vor den angsterregenden Strafphantasien, deren gefürchtete Intensität in Abhängigkeit zur elementaren narzißtischen Wut und den Rachewünschen der Kinder steht.

Darüber hinaus würde eine neuerliche, nun aber von den Kindern aktiv herbeigeführte Trennung die narzißtische Illusion der Verfügbarkeit über das Objekt gewähren. Dann stünde es in der Macht der Kinder, das Objekt je nach Wunsch zu entfernen oder herbeizuholen (vgl. *Freud* 1920, S. 11 ff.); es wäre damit verfüg- und kontrollierbar, es läge innerhalb der Omnipotenz der Kinder.

Die angeführten Interpretationsmuster scheinen verschiedene, im angeführten Fall mögliche Facetten des Versuches der Kinder darzustellen, mit der Kränkung durch das Verlassenwerden und der eigenen Ohnmacht, der Wut und der Angst fertig zu werden. Es kann hier nicht endgültig entschieden werden, inwieweit diese Interpretationsversuche tatsächlich handlungs- und erlebnisrelevante Phantasien der Kinder benennen. Das Erfassen möglichst

aller Verästelungen des Hauptthemas ist auch keineswegs notwendig zur Erarbeitung sinnvoller *pädagogischer* Interventionsstrategien. Vielmehr steht für das Verstehen im pädagogischen Gruppen-Kontext die Erfassung der handlungsleitenden und erlebnisdominierenden Gruppenphantasie (vgl. *Argelander* 1972) der Klasse im Vordergrund (vgl. *Finger* 1977; *Leber* 1975, 1977; *Trescher* 1978).
Die Dominanz des Trennungsthemas aber ist offensichtlich. Mit ihrer Aggression verbergen die Kinder ihre Angst vor einer neuerlichen Trennung und gleichzeitig agieren sie Trennungserlebnisse und Trennungsschmerz. Darüber hinaus ist es für die Klasse zumindest noch nicht sicher, ob sich die neue Lehrerin nicht ebenfalls als unzuverlässig erweisen und die Kinder verlassen wird. Erneut wären sie dann mit einem schmerzhaften und kränkenden Trennungserlebnis konfrontiert.
Nun wird verstehbar, warum die Lehrerin in der Phantasie der Kinder zur Hexe wird. Die Hexe symbolisiert die tiefe Angst der Kinder vor einer unkontrollierbaren, willkürlichen Macht, die möglicherweise schmeichelt und verführt, in Wahrheit aber böse und gefährlich ist.
Angst und Schrecken gegenüber Hexen und ihrer magisch-archaischen Bösartigkeit und Machtfülle sind im Märchen immer wieder zentrales Thema. Sie sind es deshalb, weil sie Bilder und Namen für eigentlich namenlose Ängste und kaum artikulierbare, lebensgeschichtlich frühe Wünsche von Leser und Zuhörer bereitstellen. Sie tragen damit zur Bearbeitung dieser Gefühle bei und ermöglichen dem kindlichen Ich, frühe Erfahrungen zu bewältigen. Hexen und andere Schreckensgestalten versinnbildlichen das Böse, das Unerklärliche und Unberechenbare. Sie sind Stellvertreter für die archaisch böse Mutter und spiegeln die Angst vor ihr ebenso, wie sie die Wut auf diese rechtfertigen.

Spiel und Pädagogik

Wie aber kann nun das psychoanalytische Verstehen pädagogisch sinnvoll umgesetzt werden? Die von der Klasse vollzogene Namensgebung für die Lehrerin weist den Weg. Die Kinder versuchen damit, einen relativ angstfreien Raum der Austragung des Trennungsthemas, zunächst nur für sich selbst zu finden. Dies ist in der aktuellen schulischen Realität nicht möglich. Die Kinder nehmen jedoch das Angebot der Lehrerin an (Hänsel und Gretel) und finden ihren Spiel-Raum in der »Märchenwelt«. »Hexe« artikuliert ihre Angst, ist aber schon der erste Schritt zu einer konstruktiven und aktiven Bewältigung der Trennungserfahrung. Märchenfiguren sind Phantasiegestalten; auch und gerade Kinder sind sich dessen bewußt. Hexen und Zauberer, Riesen und Zwerge, gefährliche Drachen und verzauberte Prinzessinnen dienen jedoch der identifikatorischen Bearbeitung und Austragung von Konflikten aus der kindlichen Lebenswelt. Dabei hat das Märchen – wie das Kinderspiel überhaupt – die Funktion, Vermittler und Puffer zwischen innerer und äußerer Wirklichkeit zu sein. Mit dem Spiel der Phantasie entsteht ein Spiel-Raum, der als relativ angstfreies Medium zur Bewältigung von Mangel und Versagung genutzt werden kann.

Der Rückgriff der Klasse auf die Märchenwelt ist also schon Teil des Bewältigungsversuches der Kinder im Umgang mit den bedrohlichen Gefühlen und Wünschen, die um das Trennungsthema kreisen.

Im Sinne der Unterstützung der konfliktverarbeitenden und konfliktbewältigenden Funktionen des Ich, bietet es sich für eine pädagogische Intervention an, den von der Klasse angebotenen Austragungsort des Trennungsthemas zu nutzen und ihn auszubauen, mit dem Ziel, für die Kinder einen Ort zu schaffen, wo sie ihren Ängsten und Wünschen nicht nur symbolisch Ausdruck verleihen können. Ergebnis soll sein, den Unterricht weitgehend freizuhalten von den störenden und bedrückenden Konflikten der Beziehungsebene.

Die Lehrerin nahm also das Spielangebot an:

Mehrfach war in der Klasse die Überzeugung geäußert worden, die Lehrerin müsse, da sie ja eine Hexe sei, auch ein Hexenbuch besitzen, in dem die fürchterlichsten und schrecklichsten Dinge stünden. Auf diese Phantasie ging die Lehrerin nun ein, brachte am nächsten Tag ihr Hexenbuch mit und legte es unauffällig auf ihr Pult.

So sah das Hexenbuch aus:

Abbildung 1

Auf der crsten Seite stand die verführerische aber eindringliche Warnung:

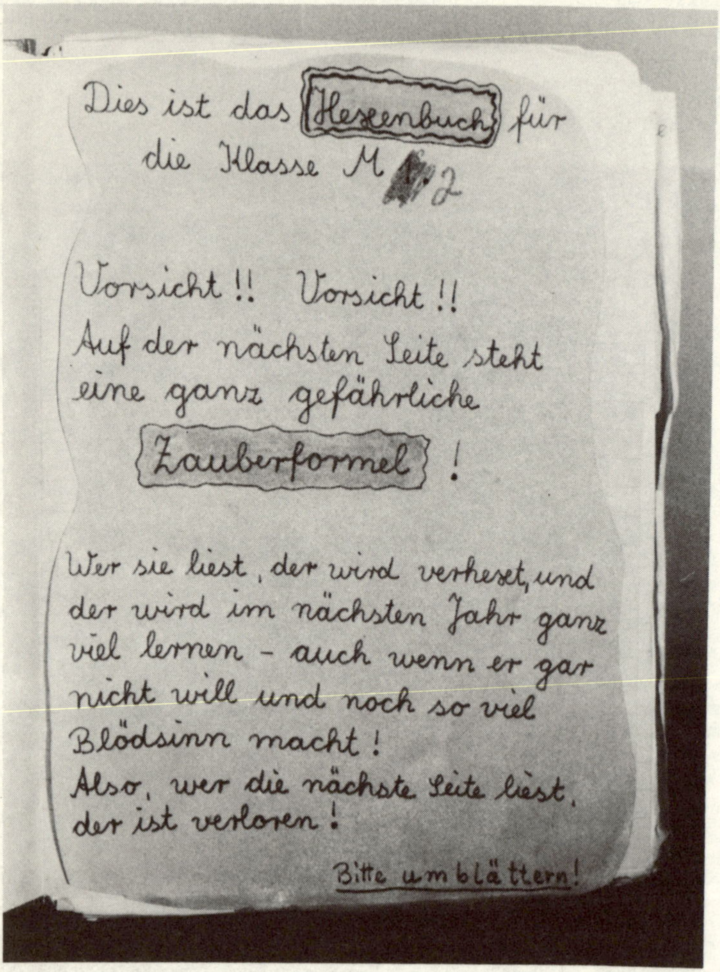
Dies ist das Hexenbuch für
die Klasse M 1.2

Vorsicht!! Vorsicht!!
Auf der nächsten Seite steht
eine ganz gefährliche
Zauberformel!

Wer sie liest, der wird verhext, und
der wird im nächsten Jahr ganz
viel lernen – auch wenn er gar
nicht will und noch so viel
Blödsinn macht!
Also, wer die nächste Seite liest,
der ist verloren!

Bitte umblättern!

*Abbildung 2**

* Siehe Kindheit 1982, S. 82 (Sonderdruck)

Und wer trotzdem das ungeheuerliche Wagnis einging, die Seite umzublättern, wurde in der Tat mit einem machtvollen Bannspruch konfrontiert:

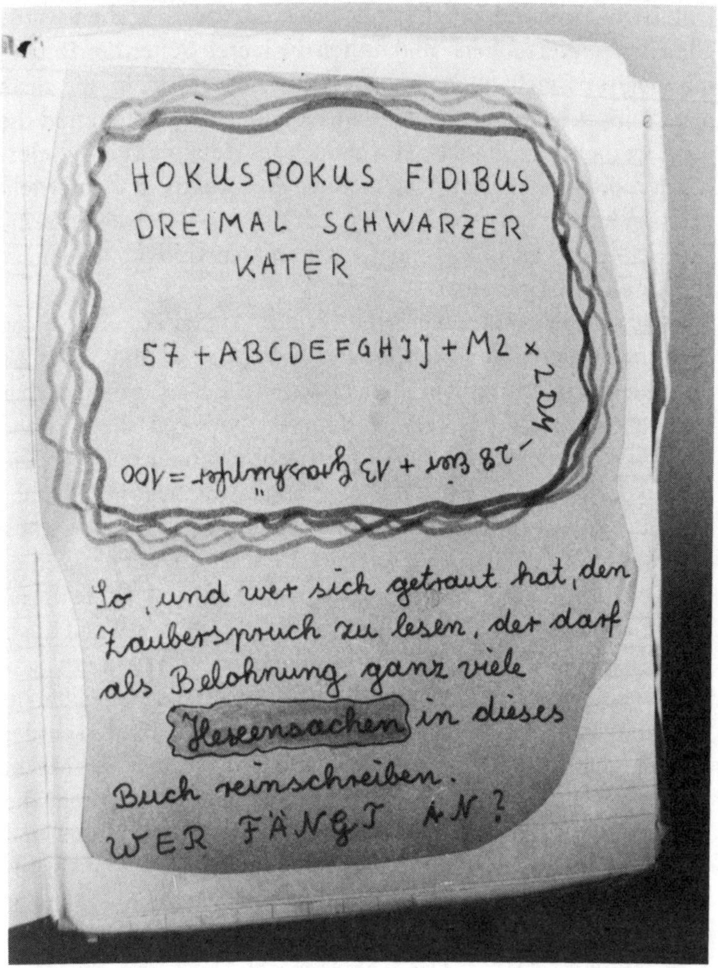

Abbildung 3

Die weiteren Seiten waren unbeschrieben, es sollte ja das Hexenbuch *der Klasse* werden.
Das Ende des »Märchens« ist nun schnell berichtet. Wie es sich ja auch für jedes wirkliche Märchen ziemt, stabilisierte sich die Unterrichtssituation zunehmend. Nach ca. zwei Wochen waren alle Kinder »verzaubert« und füllten die leeren Seiten des Buches mit vielerlei Zeichnungen und eigenen Zauberformeln, die sie in der Hauptsache zuhause auf Blättern angefertigt hatten und die dann gemeinsam in das Hexenbuch geklebt wurden. Selbst Kinder, die sich bislang noch niemals konstruktiv am Unterricht beteiligt hatten, lieferten Beiträge. In der Klasse herrschten keine übermäßigen Disziplin- und Unterrichtsschwierigkeiten mehr, sie waren »weggezaubert« worden.
Das Hexenbuch war zunehmend für alle Kinder der Klasse das Medium geworden, in dem bedrohliche Ängste und Wünsche artikuliert werden konnten, ohne daß sich die Kinder unmittelbar z.B. zu ihrer Wut bekennen mußten, und vor allem, ohne irgendwelche negativen Sanktionen befürchten zu müssen: Die »böse« Lehrerin, die Hexe, das war nun etwas, was der Phantasie- und Spielwelt angehörte, die plötzlich einen spielerischen Umgang mit innerer und äußerer Realität möglich machte. »Hexe« drückte einen Teil der archaischen und namenlosen Angst aus, gehörte aber nun zu einem Spiel, das Angst und Lust: Angstlust (vgl. *Balint* 1972) in einem bereitete. Diese erwuchs aus der spielerischen Konfrontation mit archaischen Objekten im Hier und Jetzt der Schulsituation, gepaart mit dem Wissen der Kinder, daß die alten Schreckensbilder immer mehr an Macht verlieren. Die Angstlust ist hier Zeichen einer Regression, die das Ich noch zulassen kann, weil es genügend Vertrauen und Hoffnung mobilisieren kann, daß das zerstörerische und verfolgende Objekt nicht wirklich existiert, bzw. nicht unbezähmbar ist. Angstlust steht deshalb immer auch am Beginn eines weiteren Entwicklungsschrittes. Das Wagnis macht Angst, aber die Hoffnung auf das Gelingen nimmt den Genuß, die Lust, schon vorweg und vermittelt Sicherheit gegenüber der Funktionsfähigkeit des Ich sowie der Stabilität und Kohärenz des Selbst.

Die Spielsituation der Kinder ist vergleichbar einer Fahrt mit der Geisterbahn. Der Schrecken und das Grauen wird dann zum Genuß, wenn Hoffnung und Vertrauen des Ich in die eigene Fähigkeit der Angstbewältigung ausreichend ist. Das Erleben und Überleben der Angstlust hat sekundär wiederum die Funktion der Ich-Stützung. Die Schreckensbilder der Vergangenheit werden immer unbedrohlicher in dem Maße, indem sie in die *aktive* Handhabung des Kindes im Spiel integriert werden können. Sie werden gleichsam der symbolischen (und im günstigsten Fall der symbolisierenden) Macht der Omnipotenz des Kindes im Spiel untergeordnet und damit potentiell angeeignet. Dies bietet Trost für die Versagungen und die relative Ohnmacht der Kinder in der schulischen Realität. Hier müssen sie lernen, und Bedingung jedes Lernprozesses ist zuallererst, die Kränkung durch die eigene Unvollkommenheit auszuhalten. Das Nicht-Wissen und Nicht-Können ertragen zu können und diese Kränkung in die Hoffnung des *Noch*-nicht-Könnens und *Noch*-nicht-Wissens zu verwandeln, ist Basis des Lernens.
Die lähmende Alternative Ohnmacht (dumm, wertlos, klein, hilflos) oder Macht (Lernverweigerung, die Lehrerin durchs Agieren narzißtischer Phantasmen in die Position der Ohnmächtigen und Hilflosen zu zwingen) kann durch die Einführung und Wiedererweckung der Hoffnung pädagogisch aufgelöst werden.

Spielelemente in der Pädagogik

Besonders im letzten Abschnitt war oft die Rede vom intakten, gelingenden Kinderspiel. Der oben beschriebene Interaktionsverlauf in der Schulklasse entsprach diesem zunächst nun keinesfalls. Der Umgang der Kinder mit dem schmerzlichen Trennungsthema zeigte vielmehr Kennzeichen eines scheiternden Spiels. Die Angst nahm überhand, und von einem spielerischen Umgang mit der schulischen Wirklichkeit konnte weder bei den Kindern noch bei der Lehrerin gesprochen werden.

Intaktes Kinderspiel zeigt einen spielerischen Umgang mit Wirklichkeit und Phantasie. Ist der spielerische Umgang mit Erlebtem zerbrochen, verliert die Aktivität des Kindes im Spiel ihr von Mangelerfahrungen und Zwängen befreiendes Moment. Die freie Aktivität wird reaktiv, zwanghaft, ein Spiegel der ausweglosen kindlichen Situation in immer wiederkehrender Spielstereotypie. Despotischer Regisseur dieses »Spieles« ist der Wiederholungszwang. Nun reproduziert sich die Hoffnungslosigkeit des »Spielenden« in immer neuen Variationen des nämlichen traurigen Themas, das Spiel steht primär im Dienste der Abwehr.[5]

An diesem Punkt des gestörten Spielens befand sich die konfliktreiche Interaktion der Klasse. Das »Spiel« der Kinder stand im Dienste des (Lern-)Widerstandes, der Abwehr existenzieller Bedrohung, die durch die Mitteilung des bevorstehenden Lehrerwechsels ausgelöst wurde. In regressiver Bewegung vollzog die Klasse eine Aufspaltung ihrer Lehrerinnen in ein absolut gutes (die »alte« Lehrerin) und in ein absolut böses, verfolgendes Objekt (die Referendarin). Dem Sog der handlungsleitenden, konfliktträchtigen Gruppenphantasie konnten sich zunächst beide Lehrerinnen nicht entziehen: Der »alten« Lehrerin bereitete der Unterrichtsverlauf ihrer Stunden ungeteilte Freude, als Stellvertreterin der Imago der guten Mutter wurde sie von den Kindern geliebt und ihre (geistige) Nahrung wurde bereitwillig angenommen. Die Referendarin, Platzhalterin der bösen Mutter, fühlte sich schlecht, unfähig, wertlos. Die Nahrung, die sie zu geben bereit war, war schlecht und wurde von den Kindern verweigert.

In diesem regressiven Versuch der Kinder, die Trennung zu bewältigen, in ihrer Rückkehr zur präambivalenten Entwicklungsstufe der Teilobjekte und der entsprechend archaisch-unstrukturierten Abwehrmechanismen der Spaltung und Projektion, auf der ein Objekt (noch) nicht als gut und böse, sondern nur als gut oder böse erlebt werden kann, ging der spielerische Umgang mit Erlebtem notwendig verloren: Die innere Realität überlagerte und verzerrte die Wahrnehmung der äußeren Wirklichkeit. Archaisch-existenzielle Angst und narzißtische Wut wurden freigesetzt und agiert. Das von den Kindern (re-)aktiv herbeigeführte Chaos erlaubte die narzißtisch-tröstliche Illusion, daß das von innen nach außen verlagerte Chaos in ihrer Omnipotenz läge (vgl. *Winnicott* 1974). So ersparten sich die Kinder die notwendige Trauer um den Objektverlust, die Auseinandersetzung mit den Gefühlen des Verlassenwerdens, die in ihrer Bedrohlichkeit die Fähigkeit der Kinder zu einer angemessenen Selbstregulation überstiegen.

Mit dem Vorlesen des Märchens[6], gleichsam als Probeintervention, bekamen die unaussprechlichen Ängste und aggressiven Wünsche der Kinder zunächst einen Namen: Die als böses, zerstörerisches und verfolgendes Objekt wahrgenommene Lehrerin wird zur Hexe. In der dominierenden Gruppenphantasie der Klasse war sie die »böse Mutter« (vgl. *Bigras* 1975; *Klein* 1972; *Winnicott* 1974).

Psychoanalytische Pädagogik arbeitet nun nicht *an* sondern *mit* der Übertragung. So im vorliegenden Beispiel: Die Lehrerin nahm die Phantasie der Kinder an und ging handelnd (nicht deutend) damit um, indem sie sich handelnd und spielend auf die ihr von der Klasse zugedachte Rolle einließ. Die Annahme der Zuschreibung der Kinder begründete sich aus der pädagogischen Absicht, für die Klasse und auch für die Lehrerin einen Spiel-Raum zu schaffen, in dem die angst- und wuterregenden Aspekte des Trennungsthemas gleichsam einen Austragungsort finden und nicht im Unterrichtsgeschehen blind ausagiert werden müssen (vgl. *Büttner/Koester* 1980).

Die Überleitung der angstbesetzten Phantasie in einen gemeinsamen Spielbereich und damit in einen gemeinsamen Dialog gelang unter dem Schutz der Pädagogin, die gleichsam stellvertretend für die Kinder Ichfunktionen übernahm, die zur Konstitution und Stabilisierung des Spielraums unerläßlich waren. Mit ihrer Intervention (Hexenbuch) vollzog sie gleichzeitig eine neue Beziehungs- und Situationsdefinition, die u. a. folgende (unausgesprochene aber implizierte) Mitteilungen enthielt:

- Eure Angst entstammt der Phantasie, sie hat keinen äußeren Grund. Wir können deshalb ein Spiel daraus machen. Dies zeigt, daß die Phantasien nicht so gefährlich sind, wie ihr glaubt. Ich spiele die Hexe nur.
- Ich habe keine Angst vor eurer Angst und vor eurer Wut, die ihr auch mir unterstellt. Sie ist nicht so gefährlich, wie ihr befürchtet. Wir können spielerisch damit umgehen.
- Mit dem Hexenbuch haben wir einen Spielplatz, wo die sonst verbotenen oder unerwünschten, gefährlichen Gefühle und Wünsche ausgedrückt werden können.
- Das Hexenbuch ist in Wahrheit euer Hexenbuch. (Auf der ersten Seite steht: »Dies ist das Hexenbuch für die Klasse M 1.«) Hierin könnt ihr eure gefährlichen Wünsche gefahrlos und spielerisch ausdrücken. Das Hexenbuch soll euch helfen, eure eigenen Zauberformeln zu finden, mit deren magischer Hilfe ihr eure Wirklichkeit bewältigen könnt.[7]

Mit dieser Intervention wurde den Kindern ein Spielraum geschaffen, der auch langfristig im weiteren Unterrichtsverlauf immer wieder zur Entlastung des Lernbereichs, der gemeinsamen Arbeitsebene von Schülern und Lehrerin beitrug.
Durch die gelungene pädagogische Intervention der Lehrerin steht immer dann, wenn Konflikte auftauchen, ein Medium zu ihrer Artikulation und Austragung (das Hexenbuch) für *diese* Klasse bereit, dessen sich die Beteiligten verhältnismäßig angstfrei bedienen können.
Das Unsagbare, das »Böse« hat hier einen relativ angstfreien und vor allem akzeptierten Bereich bekommen, in dem es Gestalt annehmen darf. Daß die Schüler ihr Hexenbuch zur Konflikt- und Angstverarbeitung nutzen konnten, läßt sich auch in den sich sukzessiv verändernden Beiträgen erkennen. Ca. zwei Monate nach der Einführung des Hexenbuches mehren sich Bilder und Sätze, die zeigen, daß die Kinder eine immer größer werdende Distanz zu ihrer Phantasie, die Lehrerin sei eine gefährliche

Hexe, bekommen. So findet sich etwa die Feststellung: »Frau C. *spielt* eine Hexe. Sie will uns in einen Elefanten oder in ein Pferd verzaubern. Aber sie hat uns reingelegt!« (Hervorhebung vom Ref.)

Auf den ersten Blick mag es naheliegend erscheinen, daß sich die Einführung eines Hexenbuches für viele Klassen mit Lern- und Lehrproblemen (zumindest mit jüngeren Kindern) anbietet. Dies wäre ein fataler Trugschluß, und hier endet auch die Magie. Konfliktverarbeitend und/oder konfliktlösend ist die pädagogische Arbeit mit Hexenbuch oder Zaubermünze nur dann, wenn diese Intervention zur Konfliktlage der Persönlichkeit, zur unbewußten Gruppenphantasie usw., d. h. zum Beziehungsgeschehen (einschließlich der Übertragungs- und Widerstandsdynamik) paßt.

Dieses wahrzunehmen, die Besonderheit der jeweiligen Befindlichkeit der Klienten zu erfassen, setzt ein großes Maß an Empathie voraus. Erst dann, wenn zentrale Konfliktbereiche in ihrem Hauptthema verstanden worden sind, ist eine sinnvolle konfliktlösende pädagogische Intervention konzipier- und durchführbar. Dies fordert Respekt und Achtung vor den Adressaten der Pädagogik.

Supervision ist hilfreich beim Versuch, zentrale Konfliktthemen zu verstehen und durchdachte Interventionen auszuarbeiten. In wenigen Fällen gelingt es dem Pädagogen wirklich, sich nach Art des Münchhausen am eigenen Schopf aus den Beziehungsschwierigkeiten herauszuziehen. Oft wird eine konstruktive Austragung unterdrückt oder einzelne Symptomträger an Spezialisten weitergereicht oder anderweitig ausgesondert. Nur zu leicht kann so die Verantwortung und die Eigenbeteiligung des Pädagogen verdrängt werden. Gerade das letzte Beispiel macht deutlich, daß bestimmte Konflikte auch vom pädagogischen Bezugsrahmen ausgelöst und reaktualisiert werden: Ein Lehrerwechsel thematisiert notwendig Trennungserfahrungen, die institutionell erzwungen, oft schmerzhaft und unverstanden bei den Betroffenen durchgesetzt werden.

Kinder, die im pädagogischen Feld z. B. dem Lehrer Schwierigkeiten bereiten, haben in aller Regel auch selbst erhebliche Probleme bei der Bewältigung der Anforderungen aus ihrer Lebenswelt. Diese müssen verstanden werden. Reflexion und Empathie ist hierbei notwendig. Sind diese ausreichend, dann mag es so aussehen, als ob magische Konfliktlösungen möglich wären. Aber: Nur wer versteht, kann (manchmal) zaubern.

Eiris ſâzun idiſi, ſâzun hera duoder.
ſuma hapt heptidun, ſuma heri lezidun,
ſuma clûbôdun umbi cuoniouuidi:
inſprinc haptbandun, invar vîgandum!

Übertragung:

Einst setzten sich Idisen, setzten hier sich und dorthin;
Welche flochten die Fesseln, welche hemmten das Heer,
Welche lösten der Kühnen knechtische Bande. –
Entspring den Haftbanden! Entfahr den Feinden!

Erster Merseburger Zauberspruch in der Übertragung von Wolfgang Stammler

ISABEL ZOLLNA

Sprache als Zauber

Normalerweise gehen wir davon aus, daß das Mündliche im Gegensatz zur Schrift von Unmittelbarkeit, Spontaneität und Konkretheit getragen ist. Zusammengefaßt bedeuten diese Charakteristika die Möglichkeit einer starken emotionalen, bzw. affektiven Besetzung der gesprochenen, und ein »abgekühltes«, stark vermitteltes Verhältnis zur geschriebenen Sprache.
Mir geht es nun darum zu zeigen, daß auch Abstraktheit und Entfremdung einen affektiven Bezug oder eine Affektivität bewirken.
Bei der Frage, was eigentlich den qualitativen Unterschied zwischen gesprochener und geschriebener Sprache ausmacht, welche Bedeutung die Erfindung der Schrift für das menschliche

Bewußtsein hat, drängte sich mir der Gedanke auf, daß es sich bei der Beherrschung der Schrift um einen eigentlich magischen Vorgang handelt. Beim Lesenlernen erfährt das Kind, daß es plötzlich Welten hervorzaubern kann. Das Regal voller Bücher dürfte dem gerade Lesen lernenden Kind als unendlicher Reichtum an zu entdeckenden, zu erlebenden Geschichten erscheinen. Das Abenteuer ist um so verlockender, als der physische Aufwand, »durchs wilde Kurdistan« zu reisen, nur darin besteht, die Seiten umzublättern und die Augen offenzuhalten. Genauso ist es durch das Schreiben möglich, mit einem bloßen Zeichen für andere Bedeutungen zu schaffen, die unabhängig von der Anwesenheit der eigenen Person wahrgenommen werden können. Manch einer wird sich erinnern, wie er nach den ersten Buchstaben, die er gelernt hat, anfing zu »schreiben«, sich Geschichten auszudenken. Die Lust am Schreiben selbst war größer als die Lust an der Geschichte. Ich habe auch oft erlebt, daß Kinder, die anfingen Buchstaben zu lernen, bzw. bemerkten, daß diese etwas bedeuten, unerschöpflich Buchstaben aufs Papier malten, dann herbeigelaufen kamen, um von den Erwachsenen die Bedeutung vorgelesen zu bekommen; obwohl das Geschriebene häufig nicht einmal ein sinnvolles Wort ergab, war ihre Ausdauer erstaunlich. Die Faszination, die von diesem »geheimnisvollen« Zeichen ausgeht, das dann der Erwachsene »enträtselt«, muß ungeheuer groß sein.

Denkt man hier weiter, wird deutlich, daß die Sprache selbst, das Benennen, diesen magischen Charakter hat. Allerdings ist die Erinnerung an das eigene Sprechenlernen zu verschüttet, als daß sich so leicht nachvollziehen ließe, mit welcher Macht man plötzlich versehen war.

Den Dingen wird, indem sie ausgesprochen werden, ein Name gegeben; sie fangen an zu existieren, d. h. sie werden hergestellt, also herbeigezaubert. Der Zauber selbst liegt in dem geringen Aufwand, mit dem man Welten entstehen lassen kann – wenn auch nur vor dem geistigen Auge. Ein typisches Beispiel hierfür wäre die Situation des Geschichtenerzählens oder Vorlesens. In der einen Situation erzeugt der Zuhörer die Bilder und die

Vorstellungswelt des Gehörten, in der anderen »belebt« der Leser mit seinen Vorstellungen den Text. Wie wichtig diese Phantasieproduktion ist, erweist sich u. a. daran, wie störend und behindernd es sein kann, wenn man die Verfilmung eines schon gelesenen Romans sieht, oder erst die Verfilmung sieht und dann liest: Im zweiten Fall werden sich einem die Gestalten des Films ständig aufdrängen und die eigene »Produktion« erschweren. Im ersten Fall ergibt sich die Enttäuschung oder der Ärger je nach Qualität der Verfilmung. Wichtig ist jedenfalls die eigene Aktivität, das Herstellen der Erzählung (gesprochen oder gelesen) durch die eigene Phantasie.

Auf einer abstrakteren Ebene kann man auch behaupten, daß Dinge erst dann existieren, wenn sie sprachlich ausdrückbar, benennbar sind. So kommt das Gesprochene wie das Geschriebene einer Beschwörung gleich. Der Mensch wird durch seine Sprache zum Magier, zum Erschaffer der Welt. »Am Anfang war das Wort« drückt dies überdeutlich aus. An diesem Punkt könnte das Problem von Sprache und Realität diskutiert werden: Kann etwas existieren, wenn es nicht gesagt werden kann? D. h. ist der oben angeführte Satz: »Durch das Benennen fangen die Dinge an zu existieren« umkehrbar: Ohne Benennen existieren die Dinge nicht; zumindest nicht im Bewußtsein des Menschen. Den Wunsch, daß Dinge nicht existieren, wenn man sie nicht ausspricht, gibt es jedenfalls; alles, was man nicht sagen darf, sollte es am besten gar nicht geben: weder das Unanständige, das Verbotene, noch das Böse. Läßt sich die Realität bestimmter Dinge nicht leugnen, versucht man es mit Euphemismen (das geht vom »water closet« für jenen peinlichen aber nötigen Ort über die »Raumpflegerin« statt der »Putzfrau«, die es dadurch anscheinend nicht soviel mit Dreck, sondern eher mit einer Art Kosmetik zu tun hat, bis hin zu dem Piepton oder drei Sternchen, die in England für das nicht einmal zitierbare Wort »fuck« eingesetzt werden).

Sprache ist Herrschaft: Beherrschung der Welt, indem sie hergestellt und begriffen wird. Wie aber dieses Herrschaftsmittel wiederum als Macht erlebt werden kann, die sich dem einzelnen

entzieht und gegen ihn wendet, beinhaltet eine Dynamik, die näher untersucht werden muß. Wenn Sprache Macht bedeutet, bedeutet sie gleichzeitig Macht für jeden einzelnen gegen andere. Das andere Subjekt, ebenfalls Beherrscher der Sprache und damit der Objekte, kann selbst zum Objekt, extrem gesagt zum Opfer von Sprache werden. Vor allem im Schulalltag dürfte dieses Macht-Ohnmachtsverhältnis vielgestaltigen Ausdruck finden. Wer das Recht hat, den anderen zu qualifizieren, zu »bezeichnen«, der hat nicht nur objektiv die Macht, über dessen weiteres Leben zu bestimmen (Notengebung, Versetzung, Abschluß, Berufschancen), sondern ist auch in der Lage, entscheidenden Einfluß auf dessen subjektives Identitätserleben zu nehmen. Gerade die durch das Autoritätsverhältnis Lehrer/Schüler festgelegte Zulässigkeit von Bezeichnungen, d. h. generell von Möglichkeiten des sprachlichen Spielraums, ergeben einen undurchschaubaren Hintergrund für zahlreiche (oft traumatische) Ohnmachtserfahrungen.
Gerade in der frühen Kindheit ist dieses magische Erleben von Sprache sehr bedeutsam. Es gehört zur gesamten kindlichen Erfahrung. Ein Beispiel zeigt deutlich, wie Worte zu einem Fluch werden können, der eine Gewalt ausübt wie sonst nur reale Taten: Wird ein Kind als »blöd« oder »dumme Gans« beschinpft, kann es sich dem nicht mehr entziehen und muß diese Verurteilung mit einer Verzweiflung bekämpfen, wie wenn es sich augenblicklich in eine Gans verwandeln könnte oder auf ewig blöde sein müßte.
Gleichzeitig vermittelt das eigene Sprechen, indem es reale Beziehungen in Symbolform ausdrückt, unmittelbar diese Beziehungen selbst. Sprache ist in der Kindheit uneingeschränkt Beziehungsträger und in weit geringerem Maße Informationsträger. So erlebt das Kind, das durch das Mitteilen von unwesentlichen Inhalten Beziehungen herstellen will (Aufmerksamkeit der Eltern, Zuwendung), eine ständige Forderung der Reduktion seiner Sprache auf einen Informationsgehalt. Die Herstellung von Beziehung wird aus der Sprache vertrieben. Die Priorität der Nützlichkeit, d. h. der Zweckrationalität des Gesagten, um erfor-

derte Leistungen zu bringen, verdrängt die Beziehungsebene. Diese ist eher lästiges, aufhaltendes Material, das z. B. gerade in der Schule nur störend auftritt, da es institutionell keinen Raum für Beziehungsgespräche gibt. Interaktion ist reduziert auf überprüfbare Leistungen. Die notwendige Disziplinierung, um »realitätstüchtig« zu werden, wird nur zu oft übertrieben durchgesetzt und hat die Verdinglichung und Reduzierung der Sprache auf bloße Zeichen zur Folge. Man könnte auf die Frage, warum diese Disziplinierung so hart betrieben wird, antworten: Es muß immer dann etwas mit mehr Zwang als nötig durchgesetzt werden, wenn die unterschwellige Angst besteht, daß das, was da ausgeschlossen werden soll, sich insgeheim doch wieder einschleichen könnte, bzw. wenn eine zu starke Bedrohung davon ausgeht.
Vergleicht man diese Entwicklung mit dem Verhältnis von Sprache und Beziehung in vorindustriellen Gesellschaften, kann man feststellen, daß sich dort gerade die Beziehungsebene gegenüber der Informationsebene durchgehalten hat. Karl-Heinz Osterloh gibt hierfür in seinem Aufsatz »Sprachverhalten und Sozialisation in vorindustriellen Kulturen« viele Beispiele:

»Sprache hat hier noch weitgehend die Funktion, durch das Wort magische und libidinös besetzbare Ersatzobjekte zu bilden, das empirische Objekt in eine höhere, projizierte Wirklichkeit zu überführen. (. . .) Die dominierende projektive Funktion der Sprache wird auch an der phantasierenden Benennung von Gegenständen sichtbar: Ein heruntergekommenes Hotel trägt den Namen Gülpalas (Rosenschloß), obwohl sich nicht eine einzige Blume im Hause befindet. Ein trostloses, in einer Karstlandschaft gelegenes Dorf erhielt den Namen Bahçeliköy (Gartendorf), obwohl man dort Gärten vergebens sucht.«

Das Wort ist wichtiger als die Sache. Osterloh folgert daraus:

»Nur so ist es zu erklären, daß Pläne und Gesetze in den Ländern der Dritten Welt oft als Erhöhung der wirklichen Zustände aufgefaßt werden und im Prinzip nicht der Exekution bedürfen.«

Die magische Funktion der Sprache ist in das gesellschaftliche Kollektiv integriert, fester Bestandteil des Umgangs mit der Welt. So dürfen Frauen aus afrikanischen Stämmen ihre Ehe-

männer nicht bei ihrem Namen rufen, da sie sonst ungebührlich viel Macht über sie hätten (siehe M. Yaguello: »Les mots et les femmes«). Gerade die Tabus liefern sehr aufschlußreiche Beispiele für die Bedeutung der Sprache als Zauber. Das Problem der spezifischen sozialen Funktion der Beziehungsebene der Sprache werde ich später deutlicher ausführen. Wichtig war mir nur, durch den Bezug auf vorindustrielle Kulturen hier schon andeuten zu können, daß sich über das Kindesalter hinaus die magische Erlebnisweise der Sprache erhalten kann.
Wie vielleicht jetzt schon deutlich wurde, bedeutet »magisch«, daß dem Wort über seine Funktion als Zeichen hinaus mehr Eigenschaften zugeschrieben werden. Die Wahrnehmung eines Wortes als bloßes Zeichen ist eine Reduktion, die sich in einer bestimmten Gesellschaftsform entwickelt hat. Die magische Bedeutung von Sprache tritt in unserer Gesellschaft nur noch als archaisches Verhältnis zur Sprache in der Kindheit auf. Ich würde hier unterstellen, daß selbst bei allen Erwachsenen dieses magische Erleben von Sprache noch eine Rolle spielt, obwohl es gesellschaftlich nicht in dem Maße relevant wird wie in vorindustriellen Kulturen; dort gehört diese Form der Wahrnehmung unmittelbar zum sozialen Gefüge der Umwelt. So ist das Sprichwort: »Wenn man vom Teufel spricht, kommt er« ebenso Ausdruck dafür wie die Bildung von Euphemismen. Wird in einer hochindustrialisierten Gesellschaft ein derart archaisches Verhältnis zur Sprache deutlich wahrnehmbar, kann man meist davon ausgehen, daß eine Regression auf die infantile, archaische Erlebnisweise stattgefunden hat, da innerhalb dieser Gesellschaft solche Wahrnehmungsweisen nicht integrierbar sind. Die überstark affektive Besetzung der Sprache in der Bedeutung als Zauber deutet also in erster Linie auf eine Regression. Affekt bedeutet in diesem Zusammenhang eine infantile und regressive Erlebensweise. Dieses Potential, das regressiv auf archaische Wahrnehmungsmodi bezogen ist, ist meiner Ansicht nach bei jedem Erwachsenen vorhanden. Für das Verhältnis von gesprochener und geschriebener Sprache entsteht nun folgende Dynamik: Erst einmal kann man davon ausgehen, daß die gespro-

chene Sprache durch ihre Gebundenheit an ein konkretes Individuum und eine ganz spezifische Situation in ihren Bedeutungsdimensionen stark bestimmt ist. Der Sprecher vermittelt sein Interesse an der Bedeutung durch Intonation und Gestik. Es existiert ein unmittelbar kommunikativer Zusammenhang, der sozial eingebettet ist (dies ist natürlich eine Idealkonstruktion, die viele andere Alltagssituationen, z. B. Mißverständnisse, außer Acht läßt). Für die hier dargestellte Problematik bedeutet das, daß durch diesen direkten Bedeutungszusammenhang der Phantasie des Hörers vorgegeben ist, was er sich vorzustellen hat. D. h. er imaginiert verhältnismäßig wenig, ist in gewisser Hinsicht (auf einer bestimmten Ebene) passiv, Bedeutungen aufnehmend. Beim Lesen ist die Imaginationstätigkeit wesentlich stärker, da man sich den Sprecher, die Situation und die Intonation vorstellen muß. Sie sind nicht unmittelbar gegeben. Durch die »Herausforderung« an die Phantasietätigkeit ist aber auch dem oben dargestellten Regressionspotential ein Weg geöffnet. Es ist nicht mehr durch soziale Beziehungen gebunden sondern »frei«. Vielleicht können hier einige Beispiele diese Dynamik deutlich machen: Erscheint nur die Schrift in Form von Graffiti oder als anonymer Brief, erhöht sich die affektive Besetzung augenblicklich. Ein Schriftzug auf der Hauswand, z. B. »Ulli ist doof«, wird für diesen Ulli wesentlich bedeutungsvoller, aufregender sein, als eine verbale Beschimpfung. Also: Je abstrakter, entfremdeter der Zusammenhang, in dem die Sprache auftritt, um so mehr Raum entsteht für eine regressiv-affektive Wahrnehmung, da diese ungebunden bleibt. Genauso wirkt die unsichtbare, unheimliche Stimme, die aus dem Nichts kommt und Vorlage vieler Geistergeschichten ist. Das Individuum, in diesem Fall der Hörer oder Leser, muß sich Erklärungen, Zusammenhänge und Hintergründe selbst erstellen, um eine Schrift wie »Ulli ist doof« oder eine Stimme ohne Gesicht, ohne passende Situation zu erklären. Die Sinnlosigkeit, d. h. Ungebundenheit, mit der hier Aussagen aufgetreten sind, wirken insofern unheimlich, als der Adressat, der Wahrnehmende, ihre Funktion nicht erkennen kann. Das heißt aber, daß seinen eigenen Phantasien,

Ängsten und Projektionen Tür und Tor geöffnet sind. Solch sinnlose, d. h. sozial funktionslose sprachliche Äußerungen wie beschmierte Hauswände (funktionslos, weil keine Verständigung intendiert ist) sind bedrohlich, weil sie zum einen von freigesetzter Phantasie zeugen (die das Zweckrationale in Frage stellt) und zum anderen Phantasie selbst freisetzen. Anonymität – so wird hier in jeder Hinsicht deutlich – führt zu einer gesteigerten Anstrengung, diese Leere, die schlecht vertragen wird, auszufüllen. Die befreiende Dimension von Anonymität soll hier aber nicht unterschlagen werden. Der Sprayer von Zürich hat sich diese Dimensionen zu eigen gemacht und produktiv künstlerisch gestaltet. Die reale Leere und Bedeutungslosigkeit ist in diesem Fall nicht Auslöser für eine Phantasiearbeit, sondern das genaue Gegenteil.

Eine weitere Steigerung in die Abstraktion ist die Zahl. Leer an Bedeutung für Beziehungen drückt sie so wenig aus, daß man alles in sie hineinphantasieren kann: Die Glücks- oder Unglückszahl oder die Zahlen als Geheimsprache. Sie können, besser noch als Worte (die durch ihren Bedeutungsgehalt immer noch bremsend auf die Phantasietätigkeit wirken, indem sie einen Sinn vorgeben) Träger für unendlich viele Bedeutungen werden. So bieten sich die Formeln der Mathematik oder Physik geradezu an, als Zauberformeln wahrgenommen zu werden. Ich glaube, daß viele schon einmal die Erfahrung gemacht haben, wie sehr die Zahlen (sei's für den Mathematiklehrer oder sonst jemanden) zu Bedeutungsträgern werden konnten, die statt »exakter Wissenschaft« eher den Anschein von »dreimal schwarzer Kater« hatten; nicht als Formel selbst, sondern in der Wahrnehmung der jeweiligen Person. Der Mathematiklehrer, der sich auf die Unkenntnis seiner Schüler stützen kann, wird zum Magier, der geheimnisvolle Formeln an die Tafel malt. Dabei glaube ich, daß es für ihn selbst wesentlich mehr diesen Charakter hat als für seine Schüler, für die diese Formel in erster Linie (wenn sie nicht ganz auf Mathematik versessen sind) eine Bedeutung für ihre Noten hat. Die Versessenheit in vielen Bereichen besonders der Geisteswissenschaften, möglichst viel mit Formeln, Zahlen oder

Koordinatensystemen ausdrücken zu können, um einem Ideal von Wissenschaftlichkeit gerecht zu werden, hat immer den Charakter von der Suche nach der »Weltformel«: eine einfache Zahlenreihe, die die gesamte Welt mit all ihren verschiedenen Erscheinungen hervorbringen könnte. Besser ließe sich das geheimnisvolle Durcheinander nicht bannen. Ein Bekannter erzählte mir von einem Nachbarn, einem etwas isolierten Mathematikstudenten, der vollkommen zurückgezogen die Weltformel suchte. Er rechnete Hefte voll. Eines Tages hatte er sie gefunden: Es war sinnigerweise das Alphabet.

Ebenso existieren zur Genüge die Geschichten von den verrückten Wissenschaftlern, die ihre ganze Energie (Affektivität) in das Finden von Formeln legen. Die Ahnung, daß dies im Grunde zu gefährlichen Regressionen führt, zeigen die vielen Horrorgestalten aus Literatur und Film.

Daß in unserer Gesellschaft die archaische Wahrnehmung von Zeichen (Schrift oder Zahl) sich meist in pathologischen Erscheinungen ausdrückt, liegt daran, daß archaische, magische Erlebnisformen nicht in die Gesellschaft integriert sind. In vorindustriellen Kulturen kann man sehen, wie diese magische Wahrnehmung für die Gesellschaft eine soziale Funktion ausübt. Das Wichtigste ist dort der Zusammenhalt, die möglichst widerspruchslose Integration alles Fremden in die altbekannte, vertraute Situation. Ritualisierte Sprechweisen bzw. ritualisiertes Sprachverhalten sollen die Beziehungsfunktion der Sprache gewährleisten. Ritualisiert deshalb, weil sich die formelhafte Verwendung der Sprache wesentlich stärker für die Erfüllung ihrer magischen Bedeutung anbietet – ihr ist das Moment der Entfremdung durch die Loslösung von unmittelbar gegebenen Bedeutungsgehalten eigen – als die in loser Form gesprochene Sprache, die die Möglichkeit bietet, bloßer Informationsträger zu werden.

Am Sprachverhalten der Chamulas, einem Indianervolk in Mexiko, das von den Mayas abstammt, wird deutlich, wie ritualisiertes Sprachverhalten dazu dient, das soziale System zu erhalten. Sie leben wie viele sogenannte primitive Völker in einem statischen System, d. h. mit einem zyklischen Zeitbegriff (im Gegensatz zum linearen Zeitbegriff, der Schriftkulturen charakterisiert). Diese Zeitvorstellung ist in der Mythologie beschrieben; sie orientiert sich am wiederkehrenden Kreislauf von Sonne (Tag) und Mond (Nacht). In der Mythologie heißt es folgendermaßen:[1] Der Mond (weiblich) gebar die Sonne (männlich). Als Mutter und Sohn (also Sonne und Mond) zusammen in der Badewanne saßen, blendete der Sohn seine Mutter mit heißem Wasser, woraus sich das schwächere Licht des Mondes und sein Hinter-der-Sonne-Herlaufen erklärt. Gott, die Sonne, erschuf den Menschen viermal. Jedesmal war das Exemplar höher entwickelt (vom Affen bis zum heutigen Menschen). Ein Kind, das noch nicht getauft ist (die Religion der Chamulas ist eine Mischung aus dem Christentum und der indianischen Religion), wird als Affe bezeichnet. Zeit und Raum stehen in unmittelbarer Analogie zueinander: Das, was weit weg ist, ist zurückgeblieben. In Konfrontation zu Forschern aus den USA wurde daher oft die Frage gestellt, ob in deren Land die Leute noch beißen würden. Da sie keine Schrift besitzen, ist ihre Redeweise, abgesehen von einfachen Alltagsgesprächen, stark formalisiert und in ihrer magischen, rituellen Bedeutung höchst differenziert. Das spontane, unmittelbare Element der mündlichen Redeweise ist auf einen äußerst begrenzten Bereich reduziert, während das rituelle Sprachverhalten den weit größten Teil des sozialen Lebens ausmacht. Damit dieses statische, zyklische System aufrechterhalten werden kann, werden z. B. neuere Informationen wie von einem Aufstand in der Umgebung in den Vorrat an Geschichten, Fabeln und Mythen integriert. Alle sozial wichtigen Kommunikationssituationen (Taufe, Heirat, Beerdigung), die mit dem Anbieten und Trinken von Alkohol verbunden sind, werden in auswendiggelernten, stark formalisierten Reden durchgeführt. Kennzeichnend für diese an Epen erinnernde Reden sind sich ständig wiederholende Wendungen, wie sie auch für frühe Dichtungen, die zunächst mündlich überliefert wurden (z. B. die Odyssee), typisch sind. Sie erleichtern einerseits das Erinnern, andererseits liefern sie das Instrumentarium, um ungewohnte, neue Situationen mit vertrauten umschließen und damit dem System einverleiben zu können. Ein Beispiel für dieses Vorgehen ist eine Beerdigung, bei der die Tochter des Verstorbenen ihren »Trauertext« sagen soll. Vor Aufregung fallen ihr die Worte nicht ein. Ihr Schwiegervater versucht nun, die Situation zu retten, ohne das vorgegebene Sprachritual[2] zu verlassen:

Schwiegervater:

Gott, Mein Herr, Jesus, jüngere Schwester,
Willst du bitte nicht ein Wort sprechen,
Zwei Worte,
Für den, der verschieden ist
für den, der gestorben ist;
Denn es ist bald Mitternacht.
Deshalb willst du nicht bitte, willst du es nicht tragen, willst du nicht die Aufgabe durchhalten, jüngere Schwester?

Schwiegertochter:

Oh, Mein Herr, Jesus, älterer Bruder, sag das nicht.
Ich weiß überhaupt nichts.
Ich weiß nur wie man Schnaps trinkt.
Aber den Segensspruch weiß ich nicht.
Suche jemand anderen.

Schwiegervater:

Aber sag nicht sowas, jüngere Schwester.
Bitte,
Willst du nicht den Gefallen tun?
Das eine Wort zu versichern,
Die zwei Worte,
Für den, der dir gegeben war,
Für den, der dir durch unseren Vater gegeben war,
Für den, der verschieden ist,
Für den, der gestorben ist,
Zu versichern, daß er ein Wort hört, zwei Worte,
Daß er gesegnet sein möge.
Also gut, komm, laß uns ein bißchen trinken, jüngere Schwester.
(Schließlich ist sie bereit den Segensspruch zu sagen, und sie trinken zusammen.)

Vergleicht man diese durch den Ritus bestimmte Situation mit unserer und setzt für das rituelle Sprachverhalten die Schrift, dürfte man fast auf dasselbe Verhältnis kommen.
Die Schrift steuert hier das gesamte soziale Leben, während die verbale Kommunikation in ihrer Funktion für das Bestehen der Gesellschaft stark reduziert ist. Es wäre also denkbar, daß gerade erst auf dem Hintergrund der Schrift als dem Garant von Tradition und Ordnung dem Mündlichen, das frei von dieser Aufgabe ist, die Qualität des Spontanen, Unmittelbaren und Individuellen zukommt. Der Mechanismus, der sich in beiden Systemen vollzieht, ist charakterisiert durch die Aufhebung von Unmittelbarkeit, d. h. durch die Herstellung einer Abstraktion, die affektive Besetzung in einem Maße möglich macht, das über die »realen«, unmittelbaren Bedeutungen hinausgeht. Für die Chamulas heißt das, daß sie ihr Sprachverhalten ritualisieren müssen, um die magische (erwünschte) Wirkung zu erzielen; für unsere »vernünftigen« Gesellschaften heißt das, daß durch einen hohen Grad an Abstraktheit archaische Wahrnehmungsformen freigesetzt werden. Die Freisetzung von ungebundener Phantasietätigkeit erscheint in unserer Kultur entweder in pathologischer Art innerhalb der sozialen Umwelt, die für solche magischen Sinnstiftungen keinen Platz hat, oder aber auch in »normaler« Form in der Literatur oder Kunst überhaupt, innerhalb derer mit solchen Regressionen umgegangen wird, bzw. die einen wesentlichen Teil in der Wahrnehmung von Kunst ausmachen. Im pathologischen Fall verdreht sich das Verhältnis von Sprache und sozialer Beziehung: Da zu Personen keine sozialen Beziehungen hergestellt werden können, die affektive Besetzung in diesem Bereich gestört ist, wird sie auf Dinge und Abstraktionen übertragen; es entsteht eine affektive Bindung an Gegenstände (Fetischismus). Da der Ursprung für diese Verschiebung eine Verhinderung ist, ist diese Verschiebung regressiv. In vorindustriellen Kulturen entsteht dieses Problem der Regression deshalb nicht, weil dort die Spannung zwischen »objektiver Information« und subjektiver Interpretation nicht existiert. Alles ist subjektive, d. h. für die sozialen Beziehungen relevante Bedeutung. Die Objektivität ist

an sich gleichgültig, Hauptsache ist das Bestehen der Gemeinschaft, nach der die Objektivität ihre Interpretation bekommt. In Lévi-Strauss' »Strukturaler Anthropologie«[3] gibt es dafür ein ausgezeichnetes Beispiel:
In einem Indianervolk bekommt ein Mädchen plötzlich einen Anfall. Der Rat der Ältesten wird einberufen, um diesen Vorfall, der eine Verletzung der Regel darstellt (denn normalerweise bekommt man keine Anfälle), zu klären. Der Junge, der kurz vorher mit dem Mädchen zusammen war, wird der Hexerei beschuldigt und zum Tode verurteilt. Die einzige Möglichkeit für ihn, sich zu retten, besteht darin, die Schuld auf sich zu nehmen und sich selbst als Hexer das Hexen abzuhexen. So ist eine Erklärung für das Schicksal des Mädchens gegeben, die Ordnung ist wiederhergestellt. Es ging nicht darum, den realen Grund aufzudecken, sondern eine Interpretation zu finden, die in das soziale Gefüge paßte und es nicht durcheinanderrüttelte. Der Junge hatte unbewußt diese Mechanismen erfaßt, indem er sofort von seinen Unschuldsbeteuerungen abließ und geschickt das lieferte, was verlangt wurde: Die Wiederherstellung der ursprünglichen Ordnung.

MARTIN BRAUN

Mythen in der Erziehung? – Vorschlag für eine Pädagogik der kleinen Wahrheiten

In diesem Beitrag möchte ich einige Hypothesen über einen Gegenstand aufstellen, von dem ich annehme, daß er jedem Leser – wenn vielleicht auch unter einem wehrhaften Panzer kritischer Rationalität und Aufgeklärtheit verschüttet – bekannt und lieb ist.

Es handelt sich um diejenigen Mythen unserer Kindheit, die uns unseren ersten emotionalen und kognitiven Zugriff auf das, was die Realität der Dinge außer uns ist, erleichtern, indem sie mittels sanfter Lügen verhindern, daß die »Realität« unsere Gedanken, Phantasien, Träume, Wünsche usw. und damit uns selbst allzu grob verletzt. Zudem verhindern sie, daß der Schrecken, der im Reiche der Phantasie heimatlos geblieben ist, sich die Realität zu seinem neuen Wohnsitz auserkürt.

Zu diesen Mythen zähle ich zum Beispiel den Mythos vom Klapperstorch, vom Osterhasen, vom Mann im Mond, kurz jene Märchen und Mythen, die es auf irgendeine Art und Weise verstanden haben, unsere kindliche Aufmerksamkeit zu erregen und in unserem Gedächtnis haften zu bleiben.*

Die sicherlich oft berechtigten Einwände einer aufgeklärten Pädagogik gegen diese Kindheitslügen lassen sich nur durch Argumente entkräften, die in der Lage sind zu zeigen, daß eine am Standard wissenschaftlicher Logik orientierte Vermittlung von Lerninhalten nicht der emotionalen und kognitiven »Konstitution« des Kindes entspricht, daß ein solches Wissen für das Kind nicht »verträglich« ist.

Diese Unverträglichkeit läßt sich in zweierlei Hinsicht beschreiben. Zum einen sind es die kognitiven Anforderungen, die der Lernstoff an das Kind stellt und die seine Verarbeitungskapazität überfordern. Zum andern sind es die emotionalen Eigenschaften des Materials, die es dem Kind unverträglich machen, denn an die »Verträglichkeit« eines Lernstoffes ist besonders bei Kindern die Anforderung gestellt, daß er mit ihrem emotionalen Erleben nicht kollidiert, ja in diesem emotionalen Erleben eine motivationale Stütze finden muß, um überhaupt akzeptiert zu werden.

Folgendes Dilemma tut sich für den lernenden Menschen und – aus professioneller Sicht – für den Pädagogen auf:

Läßt sich bei der Untersuchung kognitiver Leistungen zwischen den Äußerungsformen und der Struktur unterscheiden, so drückt sich das Gefühl immer nur in Bildern aus. Es gibt keine »Struktur

* Nach einiger Seminarerfahrung mit dem Thema »Märchen« glaube ich, daß im Vergleich etwa zum gesamten Umfang der Grimmschen Märchensammlung nur eine kleine Auswahl an Märchen existiert, die für alle, die in ihrer Jugend mit Märchen in Berührung kamen, von Bedeutung geblieben sind.

der Liebe«. Liebe, Haß, Trauer usw. beziehen sich immer auf Objekte und drücken sich allein durch diese Beziehungen aus, existieren allein in diesen Beziehungen. Es gibt keine Liebe ohne ein Objekt, wie sich etwa die Erkenntnis, daß ich der Bruder meines Bruders bin, als ein Ausdruck der Umkehrbarkeit meines Denkens abstrakt-strukturell beschreiben läßt.

»Ein Vier- oder Fünfjähriger (nennen wir ihn Paul) hat einen Bruder, Stefan. Fragen wir ihn, ob sein Bruder Stefan seinerseits einen Bruder habe, und wir werden oft hören, daß der Kleine es verneint! Der häufig vorgebrachte Grund lautet: ›Wir sind nur zwei in der Familie, und Stefan hat keinen Bruder‹. Man sieht hier gleichsam die Verkörperung dieses geistigen Egozentrismus, der das intuitive Denken kennzeichnet: Das Kind ist nicht imstande, seinen eigenen Standpunkt zu verlassen und sich selbst aus dem Blickwinkel der anderen zu betrachten, und negiert anfänglich die Symmetrie der Bruderbeziehung in Ermangelung der Reziprozität (= symmetrische Reversibilität).«[1]

Die Gegenstände der Außenwelt sind für uns überhaupt nur von Interesse, soweit sie es verstehen, auf irgendeine, wie auch immer vermittelte Art und Weise Ausdrucksmittel dessen zu sein, was uns umtreibt. Die Folge ist, daß in die Ordnung der Dinge notwendig die Anarchie der Gefühle einbricht, denn ohne diese Gefühle fehlte die Bedingung der Möglichkeit, Ordnung zu erkennen; es gäbe dann keinen Antrieb, die Dinge zu erkennen, die diese Ordnung darstellen.
Ist das Ziel der kognitiven Entwicklungspsychologie die Erkenntnis von umfassenden Strukturen, so muß sich eine emotionale Entwicklungspsychologie immer mit der Geschichtsschreibung des Schicksals der Vorstellungen begnügen, in denen sich ein Gefühl repräsentiert.[2]
Damit macht der Mensch die Dinge der Außenwelt zu einem Esel, der zwei unterschiedliche Lasten in zwei unterschiedliche Richtungen tragen soll. Sie sind gleichzeitig Gegenstand der Bemühungen um die Erkenntnis ihrer objektiven Struktur und Mittel der Selbstdarstellung, der Erlangung eines Selbstbewußtseins. Der Pädagoge wäre in diesem Bild der Eselstreiber, dem die unmögliche Aufgabe zufällt, dem ohnehin schon störrischen Tier den richtigen Weg zu weisen.

Um das Dilemma noch einmal deutlich zu machen: Auf der einen Seite steht der Vorwurf gegen die Unterdrückung der von der jeweils individuellen Lebensgeschichte geprägten subjektiven Phantasien, die sich an die offiziellen Lehrinhalte heften. Dieser Vorwurf hat ein durchaus zweckrationales Argument auf seiner Seite:

»Vielleicht, der Verdacht sollte ausgesprochen werden, sind es diese scheinbar trüben und verächtlichen Quellen, deren Geringschätzung, deren Verurteilung, deren Ruinierung sich dann in den verbreiteten Symptomen der leerlaufenden Lernethik, des Motivationszerfalls, der Lernverwahrlosung ebenso rächt wie meldet.«[3]

Auf der anderen Seite ist es sinnvoll und notwendig, Menschen auf ein Symbolsystem zu verpflichten, in dem die Bedeutung der einzelnen Symbole von möglichst allen und möglichst eindeutig geteilt wird. Die moderne Naturwissenschaft ist in diesem Sinne eine Methode, Symbole mit maximaler Bedeutungsreichweite zu schaffen.

Es ist nun deutlich, daß die Vorschläge, die zur Lösung dieses Dilemmas beitragen sollen, immer die Gestalt eines Kompromisses haben werden.

Die wahre Lüge vom Klapperstorch

Im »Prototyp« mythologischer Kinderverdummung, dem Mythos vom Klapperstorch, möchte ich das Vorangegangene veranschaulichen.

In seinem Aufsatz »Über infantile Sexualtheorien« nimmt Freud eine ausgesprochen ablehnende Haltung gegenüber der »Storchfabel« ein und zählt sie nicht zu den eigentlichen »infantilen Sexualtheorien«, von denen er sagt:

»Obwohl sie in grotesker Weise fehlgehen, enthalten sie doch, jede von ihnen, ein Stück echter Wahrheit, in dieser Zusammensetzung analog den ›genial‹ geheißenen Lösungsversuchen Erwachsener an den für den Menschenverstand überschwierigen Weltproblemen.«[4]

Fast 30 Jahre später scheint er diesen Standpunkt revidiert zu haben. Er zählt die »Storchfabel« nun zu den »naturwüchsigen« Sexualtheorien und schreibt über die Einstellung der Kinder:

»Noch lange Zeit, nachdem sie die sexuelle Aufklärung empfangen haben, benehmen sie sich wie die Primitiven, denen man das Christentum aufgedrängt hat und die im Geheimen fortfahren, ihre alten Götzen zu verehren.«[5]

Aufmerksam geworden bin ich auf den alten Kinderbringer dadurch, daß ich im Laufe der Zeit mit Freunden, Bekannten und Kommilitonen in Gesprächen öfters und unsystematisch auf das Thema unserer eigenen sexuellen Aufklärung stieß.
Dabei fiel folgendes auf: Trotz einer frühen und sachlich richtigen Aufklärung über die Herkunft der Kinder war fast allen das Gefühl tiefen Unglaubens geläufig, und fast jeder korrigierte für sich diese Theorie auf die eine oder andere Art und Weise, versuchte diese neue Erkenntnis mit der Klapperstorchtheorie in Einklang zu bringen oder ließ beide Vorstellungen, die realitätsgerechte und die eigene phantastische, für einige Zeit nebeneinander herlaufen.
J. Piaget, der das Weltbild des Kindes auch zu dieser Frage untersuchte, stellte fest:

»Vom Säugling wird angenommen, er habe vor der Geburt bereits existiert; das Kind fragt nur, wo der Säugling vor seiner Geburt gewesen sei und wie die Eltern es angestellt hätten, daß er in die Familie hineingekommen sei.«[6]

Der Klapperstorch-Mythos gibt dem Kind also Antworten, die seinem Niveau des Weltverständnisses entsprechen.
Zweifellos ist der Klapperstorchmythos nicht die Zufallserfindung einer poetisierenden Amme am Anfang des 19. Jahrhunderts: Die althochdeutsche Wurzel des Wortes »Adebar«, nämlich »Odebar«, bedeutet »Kinderbringer«.[7]
Bei den Griechen und Römern galt der Storch als Fruchtbarkeitssymbol, und die Hieroglyphe »Storch« hatte bei den Ägyptern die Bedeutung von »Fruchtbarkeit« und »Reichtum«.[8] Diese

Einheitlichkeit der Bezeichnung über Länder und Zeitalter hinweg läßt die Vermutung aufkommen, daß etwas in der Natur des Storches selbst ihn für seine mythischen Funktionen prädestiniert.

Was seine Stellung in der Natur angeht, so ist sie eine Art Zwischenstellung: Er lebt sowohl in der Luft als auch im Wasser. Die Art des Wassers, der Sumpf, ist selbst ein Zwischending zwischen Land und Wasser. Der Storch ist dem Menschen nahe wie kein anderes ungezähmtes Tier, lebt also zwischen Natur und Zivilisation. Zu guter Letzt ist er als Zugvogel ein Wanderer zwischen den Welten.

Diese Zwischenstellung, die er seiner Natur nach einnimmt, legt für ihn die mythische Verwendung als Vermittler oder »trickster« nahe.

Der »trickster« dient in der amerikanisch-indianischen Mythologie dazu, die im Mythos bewußt gemachten Gegensätze – z. B. zwischen Himmel und Erde, Leben und Tod, Mann und Frau – allmählich auszugleichen. Lévi-Strauss glaubt in diesem »trickster« einen »Universalmodus« gefunden zu haben.

Im indianischen Mythos ist der Steppenwolf dafür geeignet. Er ernährt sich als Aasfresser wie die Raubtiere von Fleisch, tötet aber nicht und ist damit den Pflanzenfressern gleich.[9]

Der »trickster« vermittelt zunächst einmal zwischen dem Leben und der Zeit vor dem Leben (symmetrisch dem Schwan – dem Totenvogel –, der zwischen dem Leben und der Zeit nach dem Leben vermittelt).

»Alle indogermanischen Völker faßten das bewegte flüssige Element in Luft und Wasser, zusammengefaßt im ›Luftmeer‹, als den Inbegriff der lebenschaffenden, lebenerhaltenden Naturkraft. (...) Alles irdische Wesen stammt vom himmlischen. (...) Darum werden die vom Himmel stammenden Menschenseelen auch aus den Seen und Brunnen geholt durch den Storch, den dem Wasser und der Wolkenregion zugleich angehörenden heiligen Vogel.«[10]

In seiner historisch-mythischen Bedeutung soll der Storch gewiß nicht als Ersatz für eine naturwissenschaftlich-kausale Erklärung des Phänomens der Geburt des Menschen herhalten, vielmehr scheint er zur Erhellung der damit verbundenen philosophischen und existentiellen Fragen beizutragen.

»Das Volk glaubt zwar sicherlich nicht, daß der Storch die Kinder bringe, aber in diesem Bringen der Kinder durch den Storch, im deutschen Glauben uralt und in das altindische reichend, liegt etwas mehr als bloße Kindermähre. Nicht sowohl die Kinder holt und bringt der Storch, als vielmehr die Seelen derselben.«[11]

Der Mythos ist damit die Erweiterung einer reduktionistischen Weltsicht, gibt dem Gesehenen erst eine Bedeutung »für mich«:

»Kausalität ist in gewisser Weise enttäuschend: als ein Prinzip der Verhältnismäßigkeit von Ursache und Wirkung schließt sie Signifikanz aus. Wenn die Verzichte spürbar werden, unter denen uns Wissenschaft Lebensbedingungen gewährleistet, aber Fragen abschneidet, liegt Mythologie nahe, denn die ›eigentlich bewegende Frage‹ ist nicht auch notwendig die, von deren Lösung unser pures Existierenkönnen abhängt.«[12]

Damit kehrt sich die Spitze des Ideologieverdachtes um. Zu glauben, einem mittelalterlichen Bauern wäre durch den Klapperstorchmythos der Blick auf das tatsächliche Geschehen bei der Geburt verstellt worden, ist unbegründeter als die Vermutung, daß der moderne Mensch durch den Dogmatismus der naturwissenschaftlichen Weltsicht um wesentliche Einsichten oder auch nur emotionale Haltung und Sicherheit gegenüber einem komplexen Phänomen betrogen wird.

In einer zugegebenermaßen hochspekulativen Interpretation möchte ich die Vermutung stark machen, daß der Klapperstorchmythos, auch als Mittel der Aufklärung, auf eine spezifische Art »weiter« greift und tiefergehende Antworten gibt als dies die »wahrheitsgetreue« Aufklärung *allein* vermag.

Zunächst einmal liegt die Vorstellung, daß kleine Kinder, bevor sie zu ihren Eltern gebracht werden, in einem großen Teich schwimmen, sehr nahe an der emotionalen *und* der faktischen Wahrheit. In diesem Bild ist gleichzeitig das schwimmende, fließende Gefühl der ungeschiedenen Einheit von Selbst und

Objekt und die physiologische Wahrheit des mütterlichen Fruchtwassers, in dem das Kind schwimmt, enthalten. (Daß dieses Gefühl dem Kind tatsächlich noch präsent sein könnte, darauf deuten viele Untersuchungen über pränatale Entwicklungen hin.[13]) Es ist also von hier aus gesehen ein relativ kleiner Schritt in Richtung einer realitätsgerechten Aufklärung.
Der träumende Mensch bedient sich des Mythos zur Symbolisierung seiner Traumgedanken.

»Die Geburt wird im Traume regelmäßig durch eine Beziehung zum Wasser ausgedrückt; man stürzt ins Wasser oder kommt aus dem Wasser, das heißt: man gebärt oder man wird geboren. Nun vergessen wir nicht, daß sich dies Symbol in zweifacher Weise auf entwicklungsgeschichtliche Wahrheit berufen kann. Nicht nur, daß alle Landsäugetiere, auch die Vorahnen des Menschen, aus Wassertieren hervorgegangen sind – das wäre die fernerliegende Tatsache – auch jedes einzelne Säugetier, jeder Mensch, hat die erste Phase seiner Existenz im Wasser zugebracht, nämlich als Embryo im Fruchtwasser im Leib seiner Mutter gelebt und ist mit der Geburt aus dem Wasser gekommen. Ich will nicht behaupten, daß der Träumer dies weiß, dagegen vertrete ich, daß er es nicht zu wissen braucht. Etwas anderes weiß der Träumer wahrscheinlich daher, daß man es ihm in seiner Kindheit gesagt hat, und selbst dafür will ich behaupten, daß ihm dies Wissen nichts zur Symbolbildung beigetragen hat. Man hat ihm in der Kinderstube erzählt, daß der Storch die Kinder bringt, aber woher holt er sie? Aus dem Teich, aus dem Brunnen, also wiederum aus dem Wasser. Einer meiner Patienten, dem diese Auskunft gegeben worden war, damals ein kleines Gräflein, war hernach einen ganzen Nachmittag lang verschollen. Man fand ihn endlich am Rande des Schloßteichs liegend, das Gesichtchen über den Wasserspiegel gebeugt und eifrig spähend, ob er die Kindlein auf dem Grunde des Wassers erschauen könnte.«[14]

Wenn, wie Freud meint, der Traum seine Bilder aus dem Mythos bezieht, so gilt bestimmt auch umgekehrt, daß der Mythos seine Überzeugungskraft durch die Nähe seiner Bilder zu den Gefühlen der Menschen erhält.
Die Vorstellung vom Fliegen birgt in sich das Gefühl einer grenzenlosen Angst, gemäß der Freund'schen Formulierung: »Der Geburtsakt ist übrigens das erste Angsterlebnis und somit die Quelle und das Vorbild des Angstaffekts.«[15]

Damit ist der Mythos der emotionalen Wahrheit der Geburt um etliches näher, als es »wahrheitsgemäße« Beschreibungen überhaupt je sein können.
Um ein Kind zu bekommen, müssen sich im Storchenmythos Vater und Mutter erstens lieben und zweitens Zucker auf die Fensterbank legen. Das ist zwar faktisch gesehen eine empörende Lüge, es macht dem Kind jedoch die affektive Zuneigung im Dreieck Vater–Mutter–Kind als Voraussetzung seiner Existenz (damit meine ich weit mehr als die physische die psychische Existenz, die sich der Spiegelung im Antlitz der Mutter[16] verdankt) deutlicher, als dies eine Erklärung über den Zusammenhang von Koitus einerseits und Geburt andererseits vermöchte.
Daß eine liebevolle Zuneigung zu einem Wesen bestehen muß, für das die Mutter ein Stück Zucker opfert, ist dem Kind sinnlich faßbar. Die Aufklärung über die kausalen Bedingungen seiner Existenz verblaßt in ihrer Wichtigkeit gegenüber der Frage: »Werde ich von meiner Mutter geliebt?« Das bornierte Beharren der Erwachsenen auf diese Art von Aufklärung nimmt der Existenz den Sinn, ist vielleicht schon das Produkt selbsterlebter Sinnlosigkeit.
Daß in der Geschichte vom Klapperstorch der Beischlaf, die Schwangerschaft und die Geburt verschwiegen werden, halte ich für eine läßliche Sünde, ja sogar für eine psychologische Notwendigkeit. Entgegen der Ansicht derjenigen, für die das die natürlichsten Sachen der Welt immer schon waren, sind und sein werden, glaube ich, daß es sich für das Kind dabei um Probleme der Erhaltung eines stabilen Körperselbst, der organischen Identität und Abgrenzung nach außen, also um existentielle Fragen handelt. Auch stellt die Fähigkeit, diese Abgrenzungen partiell – zum Beispiel zur Erlangung von Lust – aufgeben zu können, das *Ende* einer Entwicklung dar, an deren Anfang eine tiefgehende Verletzungs-, ja sogar Vernichtungsangst steht.
Der Mythos vom Klapperstorch schafft es nun, Fragen so zu beantworten, daß eine Legierung von Lüge und verträglicher Wahrheit entsteht. Auf der anderen Seite – und hier zeigt sich die Dialektik einer solchen Aufklärung – ist ein solcher Mythos eine

hervorragende Verdrängungshilfe. Seine Gefahr zeigt sich dann, wenn der Erwachsene, der ihn erzählt, ihn dazu benutzt, seine eigenen verdrängten Konflikte zu ignorieren, denen er sich unweigerlich stellen müßte, wenn er mit der Aufklärung fortführe. Dann wird dem Kind die Möglichkeit entzogen, mit Hilfe des Erwachsenen, der tatsächlich schon »weiter« ist, seine sich weiterentwickelnden sexuellen Antriebe so zu interpretieren, daß es ihm gelingt, sie zu einem bewußten und integrierten Bestandteil seiner Persönlichkeit zu machen. Zweifellos war und ist die Benutzung des Mythos als Verdrängungshilfe empirisch der Normalfall.

Aber ist dies nicht auch der Normalfall bei einer »richtigen« Aufklärung? Selbst wenn es sich nicht um die mit Recht kritisierte Art von Schwellkörper-Sperma-Gebärmutter-Biologieunterricht handelt? Bestünde eine »richtige« Aufklärung nicht auch darin, die Ängste, Konflikte und inneren Kämpfe zu vermitteln, die mit der vollen Anerkennung der Tatsache der Geschlechtlichkeit verbunden sind? Wer kann von sich ernsthaft behaupten, daß er zu einer solchen Aufklärung in der Lage sei? Ist es nicht noch eine viel geschicktere Methode der Selbst- und Kinderverdummung, von den »schönen« Gefühlen der Liebe zu sprechen und dabei die unschönen, »bösen« und aggressiven Gefühle im Keller zu lassen, mit dem selbstgerechten Bewußtsein, nun ja alles gesagt zu haben?

Was macht das Kind mit den »bösen« Anteilen seiner Person, die es doch gar nicht gibt, sonst hätte es doch seine ach so ehrliche Mutter (Vater) darüber nicht im Unklaren gelassen?

Die beiden folgenden Beispiele zeigen, wie unterschiedlich zu den Erwachsenen Kinder den Wahrheitsbegriff gewichten:

1. Eine Mutter, »die ihrem 6jährigen Jungen auf sein Fragen nun schon zum zweiten Male lieb und gütig sagte, daß er einst in ihrem Leib geruht und dann zur Welt gekommen sei«, findet sich bald in der folgenden problematischen Situation:

»Einige Tage später hört er (der Junge) bei der Bäckersfrau das Storchenmärchen. Es gefällt ihm bedeutend besser, und er klagt die Mutter an: ›Du hast mich bekohlt!‹«[17]

2. »In einer unteren Volksschulklasse gab einmal das Fibelbild, das einen bunten Storch darstellte, den Anstoß dazu. Ein Junge meldete sich und sagte: ›Der Storch bringt die kleinen Kinder.‹ Ein anderer protestierte: ›Der ist ja dumm! Es gibt ja gar keinen Storch. Die Kinder kommen von der Mutter.‹ Ich war damals noch ein junger Lehrer und wollte die Kinder von dem Problem ablenken und griff nun die Behauptung auf und stellte richtig, daß es wohl Störche gäbe, und erzählte ein paar Erlebnisse. Aber kaum hatte ich geendet, wurde mir die Frage gestellt: ›Na, wie ist es dann mit den kleinen Kindern? Bringt sie der Storch oder nicht?‹ Ich wich aus und sagte: ›Da fragt ihr am besten eure Mutter, die muß doch wissen, woher sie euch bekommen hat.‹ Der kleine Storchenleugner fragte mich nochmal forschend: ›Sie sagen also, es gibt wirklich Störche?‹, was ich nochmals ausdrücklich bestätigte. Ihn beschäftigte das mehr als die ganze Kindersache. Nach ein paar Tagen überraschte mich derselbe Junge auf dem Heimweg mit der Bemerkung: ›Jetzt weiß ich auch, woher die Kinder kommen. Meine Mutter hat mir gesagt, die kommen von der Mutter. Aber dem Schorschi seine Mutter hat ihm die ganze Wahrheit gesagt, daß sie der Storch bringt, und der hat es mir wiedererzählt. Jetzt glaube ich meiner Mutter nicht mehr.‹«[18]

Besonders im zweiten Falle wird deutlich, wie brüchig das Vertrauen in die Ehrlichkeit der eigenen Mutter ist, wie geradezu ein Sog von der anderen Möglichkeit ausgeht, die gegen den Gedanken zu schützen scheint, aus dem Leib der Mutter zu kommen. Vielleicht ist es nicht allzu übertrieben zu behaupten, daß der Schrecken einer solchen Vorstellung so groß ist, daß sie zu meiden selbst der Preis des Vertrauens in die Wahrhaftigkeit der eigenen Mutter nicht zu hoch erscheint.

Der Mythos bedarf hier nur eines Hauchs von Realität – nämlich, daß es Störche wirklich gibt –, um sich als glaubhaft darzustellen.

Der Glaube der Kinder an den Klapperstorch scheint von der Art zu sein, die Piaget wohl unter den Reaktionstyp der »ausgelösten Überzeugung« einordnen würde. Hinter der »spontanen Überzeugung« ist dieser Reaktionstyp das wichtigste Erkenntnisinstrument für »originales« kindliches Denken.[19]

Ein anderer Bericht aus der Familie eines Bekannten widerspricht dieser Deutung auf den ersten Blick:

»Beim Abendessen reden wir über das Thema, ob man denn nicht den Kindern erzählen könnte/sollte, wenn beispielsweise die Mutter weg ist und ein paar Tage später mit einem Geschwistersäugling zurückkommt (daß das Kind vom Klapperstorch gebracht worden sei, M. B.).
Bärbel: ›Dann hat man halt den Kindern gesagt, der Storch hat sie ins Bein gebissen, deshalb muß sie ins Krankenhaus . . .‹ Es geht hin und her. Mir ist eine Argumentation von Benno (11 Jahre, 7 Monate alt) noch deutlich:
›Ich finde das schlecht. Denn (wörtlich) *das Kind hat doch schon eine natürliche Beziehung zu seiner Mutter, und die wird gebrochen* (sein Ausdruck), *wenn es erfährt, daß es von dem Storch hergekommen ist, und dann muß es doch denken, daß das was Böses ist.*‹ (weil er ja der Mutter ein Leid getan hat, durch den Biß).
Wir reden über den Osterhasen, das Christkind. Benno: ›Osterhas‹, das ist was ganz anderes, da kriegt man ja was, da geht's ja drum, daß man was gebracht kriegt – nicht *daß man selbst gebracht wird,* das ist ja lang nicht so wichtig, wie wo man selbst herkommt . . .‹«

Es wäre leicht, diese Szene damit abzutun, daß natürlich für einen Jungen im Alter Bennos der Klapperstorch nicht der Weisheit letzter Schluß sein kann.
Darüber hinaus bietet der »Storchenbiß« Gelegenheit, näher auf das wichtige Problem der inneren Einstellung des Erzählers zum Erzählten und zum Hörer einzugehen.
Der bissige Adebar erscheint auf den ersten Blick als Zutat, die sich nicht harmonisch in das Gesamtbild der Erzählung einzugliedern vermag. Darauf deutet auch seine isolierte Verwendung als Metapher für »Geschlechtsverkehr« oder auch »Schwangerschaft« hin. Nicht allein die Art ihres Gebrauchs, sondern auch ihr bildlicher Gehalt bringt eine aggressiv-ablehnende Haltung gegenüber der Sexualität zum Ausdruck. Hier wird der Mythos nicht als spielerisch eingesetzte Wahrheitshypothese verwandt, die sich leicht wieder auflösen läßt, weil einerseits das Wissen um den begrenzten Wahrheitsgehalt, andererseits die spielerische Haltung von den jeweiligen Mitgliedern der kommunikativen Gemeinschaft geteilt wird.
Die Lüge vom Storchenbiß taucht auch genau gesehen nie im erzählenden Zusammenhang auf. Sie ist eine aggressiv getönte Kurzantwort, die die Fragen des Kindes abschneidet und die

kommunikative Situation einer Erzählung gar nicht erst aufkommen läßt.
Dann ist aber auch die Chance vertan, die Erzählung den jeweiligen Fragen des Kindes anzupassen, auszubauen und eventuell Teile aufzulösen und durch empirische Wahrheiten zu ersetzen. Damit hat die Lüge vom Storchenbiß aber auch eine Parallele zur endgültig vorgetragenen »Wahrheit« über Schwangerschaft und Geburt: Sie ist keinen Änderungen mehr zugänglich, wenn es sich herausstellen sollte, daß das Kind damit nicht zurechtkommt.
Was der eine mit der durch die Wucht seiner Verdrängungen gespeisten Autorität behauptet, behauptet der andere mit der unerbittlichen Autorität der Wissenschaften.
Für das Kind kommt das in beiden Fällen einem Frageverbot gleich, und es bleibt auf Glauben angewiesen. (Der Begriff »Wissenschaftsgläubigkeit« bringt schön zum Ausdruck, daß es bei der Frage nach der Wahrheit einer Behauptung gleichermaßen auf ihr empirisches Korrelat und die subjektive und objektive Möglichkeit, sie zu hinterfragen, ankommt.) Damit ist dann tatsächlich eine »natürliche Beziehung« gebrochen, nicht nur zur Mutter, sondern auch zu allen prinzipiell möglichen kommunikativen Partnern, die ja auch darauf beruht, daß die Chancen, sich gegenseitig Rechenschaft abzuverlangen, symmetrisch verteilt sind.[20]
Meine Vermutung über das »unpassende« Element im Mythos kann ich auch darauf stützen, daß die mythologische Wurzel des »Storchenbisses« sich von der des Storches als Kinderbringer gänzlich unterscheidet:

»Der Ausdruck: ›Der Storch hat die Mutter ins Bein gebissen‹ scheint auf die mythologische Vorstellung von der Geburt aus dem Bein zurückzugreifen. (...) Dionysos reifte im Schenkel des Zeus. (...) Ebenso ward nach iranischer Sage Aurva von seiner Mutter Vâmôru (d. i. Linksschenkel) in ihrem Schenkel verborgen gehalten worden; aus dem geriebenen linken Schenkel des toten Vena kam ein Mann hervor.«[21]

Vielleicht ist es das Schicksal eines jeden Mythos, der nicht mehr erzählt wird, daß er zum Dogma verkommt.

Diese Interpretation des Märchens vom Klapperstorch als »verträglicher«, das heißt dem kindlichen Denken und Fühlen angemessener Wahrheit, ist nur *eine* Möglichkeit des pädagogischen Sinnes von Mythen und Märchen. Sicherlich läßt sich darüber streiten, inwieweit der Storch selbst heutzutage der kindlichen Erfahrung so erlebnisfern geworden ist, daß sich sein Nutzen für das Weltverständnis des Kindes kaum mehr ausmachen läßt. Das spricht nicht gegen den Mythos, sondern gegen die von ihm verwendeten Bilder. Die weite Verbreitung des Glaubens vom Storch als Kinderbringer hängt neben seiner durch seine Stellung in der Natur begründeten Eignung als »trickster« einfach mit seiner einstmals großen Verbreitung zusammen.

O. Schell machte im Jahre 1893 in der volkskundlichen Zeitschrift »Am Ur-Quell«[22] eine Umfrage zum Thema »Woher kommen die Kinder?« Die Kinder kommen in den Berichten aus hohlen Bäumen oder sie wachsen an Bäumen. Man zieht sie aus (zum Teil unterirdischen) Brunnen, Teichen, Seen, Sümpfen, Flüssen, Quellen, Gräben und aus dem Salzwasser. Sie werden aus Dünen, Krautgärten, Auwiesen, Sandgeesten oder vom Jahrmarkt geholt. Auch leben sie vor der Geburt in Steinen. Für den Transport stehen neben dem Storch auch Schwäne, Füchse und Hebammen zur Verfügung, manchmal die Eltern, bzw. Vater oder Mutter alleine.

Bis auf wenige Ausnahmen (Dünen, Krautgarten, Jahrmarkt) unterscheidet sich die symbolische Bedeutung der Orte, von denen die Kinder kommen, kaum voneinander. Ist es nicht direkt Wasser oder seine Umgebung, so ist es zumindest dunkel oder vermittelt den Eindruck des Schwebens (wenn die Kinder auf Bäumen wachsen). Schwan und Fuchs sind »trickster«, wie der Storch, und auch die Hebamme nimmt eine Sonderstellung zwischen Leben und Tod in der menschlichen Gesellschaft ein. Wenn Vater oder Mutter das Kind holen, dann fällt lediglich ein phantastisches Element des Mythos fort und wird durch ein realistisches ersetzt.

Die Erklärung für die Herkunft der Kinder benutzt Elemente der unterschiedlichen ökologischen Gegebenheiten. Damit trifft auf den Klapperstorchmythos zu, was Kurt Schier für Märchen allgemein feststellt, nämlich daß die phantastischen Züge des Märchens konstant bleiben, während realistische Einzelheiten zeitlich wie örtlich angepaßt werden.[23]

Man könnte also ein »Wesen« des Mythos vermuten, das sich durch die kontingenten Bedingungen seines Erzählers hindurch gleichbleibt.

Aus strukturalistischer Sicht ist der Gedanke sehr materialreich belegt, daß Märchen und Mythen gesetzmäßige Variationen einer endlichen Gruppe von Elementen sind.[24] Diese Gesetzmäßigkeiten müßten letztlich auch Ausdruck mentaler Strukturen sein, denn ansonsten wäre die Beobachtung von Märchen- und Mythenforschern kaum zu erklären, daß ein guter Erzähler eine korrumpierte Geschichte beim Weitererzählen nach Form und Inhalt restauriert.[25]

Meine Deutung des Klapperstorchmythos betont dessen Funktion als altersangemessene Verarbeitung eines Wissens, welches in seiner »objektiven« Form die Akzeptanzbedingungen des Kindes überfordern würde.

Bruno Bettelheim hat mit seinem Buch »Kinder brauchen Märchen«[26] viele Beispiele für Lesarten gegeben, die dem Märchen einen pädagogischen Sinn zuschreiben. Dabei lassen sich grob drei Hauptrichtungen der Deutung unterscheiden:

1. Das Märchen symbolisiert eine innere Realität. Es bebildert die uninterpretierte Antriebsbasis und macht sie so dem Bewußtsein zugänglich.

Die Innenwelt spiegelt sich nach Bettelheim in all ihren Aspekten im Märchen wider: die Größen- und Allmachtsphantasien des kleinen und ohnmächtigen Kindes, die es zu kontrollieren gilt wie den Geist aus der Flasche[27], die Bedürfnisse des Es, die der Vermittlung des Ich und der Kontrolle des Über-Ich bedürfen, um nicht selbstzerstörerisch zu wirken wie beim durstigen Brüderchen, das seiner oralen Gier letztlich erliegt und zum Reh verwandelt wird[28], das abwägende direkte Befriedigung aufschiebende Realitätsprinzip gegen das auf unmittelbare Erfüllung drängende Lustprinzip wie bei den drei kleinen Schweinchen[29] usw.

Wenn Märchen eine innere Realität darstellen, dann wird verständlich, warum sie ihre Wirkung entfalten können, ohne ihr Personal und ihre Kulissen den jeweiligen Zeitläuften anpassen zu müssen.[30]

2. Das Märchen als idealtypische Rekonstruktion des in der Realität des Familienlebens oft bis zur Unkenntlichkeit komplizierten Ödipuskonfliktes.[31] Das Märchen dient dem Kind sowohl als Interpretationshilfe für seine Beziehungen zu den Eltern, als auch als phantastisches Ersatzmittel dieser Beziehung, falls das ödipale Dreieck durch unterschiedlichste einschränkende Bedingungen der Realität nur schwach oder gar nicht seine sozialisatorische Kraft entfaltet.

Dabei taucht der ödipale Konflikt in all seinen Varianten im Märchen auf. Walter Scherf kam bei seiner Analyse von elementaren Familienkonflikten im Märchen zu folgender Auszählung: Von den 176 untersuchten Märchen begannen 169 mit einem Familienkonflikt. Davon waren 52% Vater-Sohn-Konflikte. Jeweils 18% waren Vater-Tochter- oder Mutter-Tochter-Konflikte und 11% Mutter-Sohn-Konflikte.[32]

Das Ergebnis dieser Konflikte war die Ablösung und Selbstfindung des Kindes.

3. Das Märchen spricht zum Unbewußten des Kindes, verleiht dessen unbewußten Ängsten Gestalt und erleichtert sie, »ohne daß dies je ins Bewußtsein treten würde.«[33]

Georges Devereux führt diese Auffassung näher aus. Er zählt Mythen zu den durch eine

»Kultur bereitgestellten Abwehrmittel(n) (...), sie bieten eine Art unpersönlichen ›Kühlschrank‹, in den die durch innere Konflikte hervorgerufenen Phantasien ›eingelagert‹ werden können. Diese Phantasien sind zu stark mit Affekten beladen, um verdrängt zu werden, andererseits aber zu ego-dyston, um als subjektiv, d. h. als dem Selbst zugehörig erkannt zu werden. Die Tatsache, daß solche Phantasien in jenen kulturellen ›Kühlschrank‹ verwiesen werden, ermöglicht nicht nur, sie durch Einfügung in das unpersönliche Gefüge der Kultur in abstrakter und allgemeiner Form auszudrücken, sondern auch, sie aus dem ›privaten‹, also idiosynkratischen Bereich abzuziehen.«[34]

Zusammenfassung

Die Analyse des pädagogischen Sinns des Märchens vom Klapperstorch führt zu zwei Hypothesen, die als allgemeiner Interpretationshintergrund für Märchen überhaupt in Betracht gezogen werden können:

1. Märchen dienen der Darstellung innerer Realität im Sinne Gehlens »Bebilderung der Antriebe«.
2. Märchen sind »verträgliche«, das heißt der psychischen Entwicklung des Kindes angemessene Wahrheiten über die innere und äußere Welt.

Eine weitere Hypothese läßt sich anhand dieses besonderen Märchens nicht belegen, hat aber selbst bei oberflächlicher, statistischer Auswertung der großen Mehrzahl der Märchen starke Evidenzen für sich:

3. Das Märchen ist ein phantastisches Ersatzmittel und Interpretationshilfe der ödipalen triadischen Interaktionsstruktur, die in ihrer konkreten Form ihren Sinn der Wahrnehmung des Kindes nur mangelhaft offenbart.

Eine allgemeine Hypothese schließt sich an:

4. Mythen und Märchen sind spielerisch eingesetzte Wahrheitshypothesen. Nicht nur die Mythen werden von den jeweiligen Mitgliedern der Gemeinschaft geteilt, sondern auch das Wissen um ihren begrenzten Wahrheitsgehalt. Es wird also nicht jedem einzelnen von neuem die Anstrengung abverlangt, das »Lügengespinst« zu zerreißen. Dies ist vielleicht der modernste Sinn der Märchen. Die Wege der naturwissenschaftlichen Wahrheitsfindung lassen oft vergessen, daß der Nachweis der Geltung von Wahrheitsansprüchen – auch im Falle des Laborexperiments eines einzelnen Forschers – letztlich immer diskursiv erbracht werden muß und jeder Geltungsanspruch prinzipiell bezweifelbar ist.

Die Vorzüge des Märchens entfalten sich nur, wenn ein empathischer Kontakt zwischen Erzähler und Zuhörer besteht, das Märchen der Kommunikation zugänglich bleibt. Ist der Erzähler nur noch der Sprecher eines geschriebenen Textes, so bleibt der Hörer bei dessen Bearbeitung auf sich selbst zurückgeworfen.

Die Kritiker des Märchens haben dann recht, wenn sie ihre Kritik nicht gegen den Inhalt des Märchens, sondern gegen die historisch spezifische Situation seiner Vermittlung richten.

Der Gefahr, zu Ideologie und Neurose zu verkommen, unterliegt jedoch nicht nur das Märchen, sondern jede Art menschlicher Tätigkeit, die auf andere zielt, ohne den anderen als gleichwertig ernstzunehmenden Interaktionspartner zu begreifen.

CHRISTIAN BÜTTNER

Pandoras Büchse oder: Das Übel bin ich – Alltägliche Mythen in Pädagogik und Politik

Mit meinem Beitrag möchte ich einige Anregungen zur Beschäftigung mit Mythologie in Pädagogik und politischer Bildung geben. Eine rationale und systematische Begründung, warum das scheinbar Irrationale Gegenstand von Pädagogik oder gar politischer Bildung sein sollte, würde sicherlich ein Buch füllen. Demgegenüber gehe ich in meinem Beitrag punktuell, assoziativ und fragend vor (ich habe – wie so oft – dazu mehr Fragen als Antworten). Mir erscheint dies dem Thema insofern angemessen, als ich gelernt habe, gegenüber proklamierter Rationalität, d. h. langen, komplizierten Ableitungen, mißtrauisch zu sein – genauso wie ich gelernt habe, Irrationalem, d. h. Begegnungen (und seien es Bücher) Beachtung zu schenken, die zunächst keinen erkennbaren rationalen Zusammenhang zu mir Bekanntem zu haben scheinen.

La belle et la bête

Liz Greene beginnt ihr Buch über die Psychologie der menschlichen Beziehungen:

»Wie jedes Kind weiß, sagt man von Prinzen und Prinzessinnen: ›Und wenn sie nicht gestorben sind, so leben sie noch heute.‹ Die Liebe wird mit allem fertig, mit Zaubersprüchen, bösen Stiefmüttern, Menschenfressern, Riesen, mißgünstigen Zwergen, das Böse wird besiegt, und das glückliche Paar verschwindet Hand in Hand in den nebelhaften Gefilden der Phantasie; es gibt keinen Hinweis auf Scheidungsrichter oder Unterhaltszahlungen, von denen die Zukunft des Paares getrübt werden könnte. Natürlich belehrt uns der Prozeß des ›Erwachsen-Werdens‹, mit fortschreitender Reife und zunehmender Fähigkeit, mit dem Leben, ›so wie es ist‹, fertig zu werden, eines Besseren. Prinzen und Prinzessinnen – neben Nikolaus, Osterhase, imaginären Spielgefährten und anderen Überresten aus der Phantasiewelt unserer Kindheit – sollten für Erwachsene keine Bedeutung mehr haben. Niemand, so lernen wir schon ziemlich früh in unserem Leben, lebt für alle Zeiten glücklich weiter; wir müssen uns bemühen, daß unsere Beziehungen zu anderen Menschen ›funktionieren‹, und dabei geht es um Verantwortlichkeit, Engagement, Disziplin, Pflicht, Selbstaufopferung, Kommunikation und andere Begriffe, die so oft verwendet worden sind, daß ihre Bedeutung ziemlich klar sein sollte. Doch in der Erfahrung des Lebens werden diese Begriffe zunehmend doppeldeutig, wenn wir nämlich erkennen, daß dieser andere, dieser Fremde, der da vor uns steht, ob Gatte oder Gattin, Sohn oder Geliebter, Freund oder Lehrer, Geschäftspartner oder -gegner für uns immer noch ein Fremder ist.«[1]

Als Kind und Jugendlicher habe ich leidenschaftlich gern griechische Heldensagen, Indianergeschichten und Märchen gelesen, bis man mir diese und die damit verbundenen Erkenntnismöglichkeiten in der Schule entfremdet hat. Ein mir vertrauter und lebensnotwendiger Zugang zur magischen Bewältigung von Realität geriet damit über lange Jahre in »Vergessenheit«. Es scheint sehr vielen so gegangen zu sein, wenn Hermann Giesecke in seinem Buch »Didaktik der politischen Bildung« die gleiche Erfahrung zugrunde legt:

»Jedem ist aus seiner Schulzeit die leidvolle Erfahrung geläufig, wie oft gerade das unterrichtet wurde, was nicht interessierte, während anderes, was man sich gewünscht hätte, nicht auf dem Lehrplan stand.«[2]

Mythologie und Zauber waren für mich bis vor kurzer Zeit noch etwas, das mit unterrichtlicher Analyse, Vokabellernen und Benotung verbunden war. Heute versuche ich, mir diese Schulerfahrungen »auszutreiben«. Es ist nicht einfach, an die alte Faszination von damals anzuknüpfen, obwohl mein Interesse an Abenteuergeschichten beispielsweise in Filmen ungebrochen war. Dies ist nicht zuletzt Resultat meiner Beschäftigung mit der psychoanalytischen Theorie und psychoanalytischer Pädagogik/therapeutischer Arbeit mit Kindern und Pädagogen, in der sehr viel alte Symbolik und mythologisches Material »auftauchen«. Dazu ein Beispiel aus meiner Arbeit mit einer Kindergruppe (7- bis 8jährige):

»Während die anderen Kinder noch wortlos aßen, holte sich Manfred zum erstenmal ein *bestimmtes* Bilderbuch, schaute es sich erst alleine an und bat mich – unter heftiger Zustimmung der anderen Kinder – vorzulesen. Die Geschichte handelt von einem Jungen, der Kummer hat und alleine neben einer Mülltonne sitzt. Eine Frau kommt dazu und fängt seinen Kummer in einer Dose ein. Der Junge läßt ihn wieder frei, und der Kummer verbreitet sich wie eine Gestankwolke im Haus. Alle haben Kummer, bis der Junge ihn wieder zurück in die Dose packt. Manfred sagte: ›Wenn ich Kummer *habe,* verhaue ich einen.‹ Mein Versuch, in der Gruppe darüber ein Gespräch in Gang zu bringen, gelang nicht, *weil Manfred . . .*«[3]

So schrieb ich vor einiger Zeit. Ich hatte den mythologischen Gehalt in dieser Geschichte nicht erkannt (die Büchse der Pandora[4]), dafür aber eine Menge »guter« psychoanalytischer Assoziationen für ein Gruppengespräch, die ich im weiteren Text entfaltete. Für mich war schließlich Manfred die Ursache (oder Schuld?), daß dieses offenbar doch so spannende Thema für *alle* nicht weiterging: »Weil Manfred zwischendrin fragte, wieviel Zeit noch wäre.« Eine sinnvolle Frage, denn man kann schließlich eine Menge Zeit mit der Verfolgung »falscher« Spuren verbringen. Heute denke ich, daß der Mythos in dieser modernen Geschichte (von der bekannten Kinderbuchautorin Christine Nöstlinger[5]) eine außerordentlich wichtige Projektionsebene dafür ist, daß wir uns mit allen (letztlich auch aggressiven) Mitteln zur Wehr setzen, der »Kummer« der Familie zu *sein,* wir, die wir uns als Kinder doch so »unschuldig« an den Verletzungen durch unsere Eltern fühlen![6] Pandora hat den Kummer gebracht, und jetzt *haben* wir ihn. Wahrscheinlich leidet Manfred (so wie wir unter dem Haß seiner Mutter) auch unter der Tatsache, daß er ihr tatsächlich Kummer macht (ist). Wer will schon absichtlich »böse« sein – ohne Grund? So weit ein Beispiel für Mythologie in der Pädagogik.

Auch in fortschrittlicher pädagogischer Literatur zeigt sich mir, daß man inzwischen begriffen hat, wie sehr – um es in einer Formulierung von Bruno Bettelheim auszudrücken – Kinder Märchen brauchen; enthalten sie doch eine »Sprache«, die viel unmittelbarer auf die Erlebnisfähigkeit von Kindern bezogen ist als die Sprache rationaler Aufklärung. Es ist die Sprache, die wie im Traum auch Erwachsenen das Unmögliche möglich macht und zu der Erich Fromm schreibt:

»Es bleibt die Tatsache bestehen, daß viele unserer Träume sowohl ihrem Stil als auch ihrem Inhalt nach den Mythen ähnlich sind, und wenn sie uns auch beim Erwachen seltsam und weit hergeholt vorkommen, so besitzen wir doch im Schlaf die Fähigkeit, diese mythenähnlichen Schöpfungen hervorzubringen. Auch im Mythos gibt es dramatische Begebenheiten, die in einer von den Gesetzen von Zeit und Raum beherrschten Welt unmöglich wären: Der Held verläßt Vaterhaus und Vaterland, um die Welt zu erretten, oder er flieht vor seinem Auftrag und lebt im Bauch eines großen Fisches; er stirbt und wird wiedergeboren; der mythische Vogel verbrennt und steigt aus der Asche wieder hervor – schöner als zuvor. Natürlich haben die verschiedenen Völker unterschiedliche Mythen geschaffen, wie ja auch verschiedene Menschen unterschiedliche Träume träumen. Aber trotz all dieser Unterschiede haben alle Mythen und Träume eines gemeinsam: Alle sind in der gleichen Sprache – der *symbolischen Sprache* geschrieben.«[7]

Trotz aller technologischen Rationalität ist also auch heutzutage die Bildhaftigkeit der Träume, die Phantasie des rational Unmöglichen bei den Menschen erhalten geblieben; voller Zauber, Wunder und Abenteuer, die am Tage nicht möglich erscheinen und die die Menschen »besser« für sich behalten (es ist sowieso kaum jemand da, der sie hören wollte, es sei denn, man fühle sich »krank«).

»Wir alle träumen; wir verstehen unsere Träume nicht und verhalten uns doch so, als ob im Schlaf nicht etwas Seltsames in uns vorginge, seltsam wenigstens verglichen mit unserem logischen zweckorientierten Denken im wachen Zustand. Wenn wir wach sind, sind wir aktive, vernünftige Wesen, eifrig darauf bedacht, das zu bekommen, was wir haben möchten, und bereit, uns gegen Angriffe zu wehren. Wir handeln und beobachten; wir sehen die Dinge um uns herum vielleicht nicht so, wie sie wirklich sind, aber doch wenigstens so, daß wir sie nutzen und handhaben können. Freilich besitzen wir nicht viel Vorstellungsvermögen – und sofern wir keine Kinder oder Dichter sind, beschränkt sich dieses meist darauf, die Geschichte und Pläne unserer alltäglichen Erlebnisse zu wiederholen. Wir sind tüchtig, doch dabei phantasiearm. Wir bezeichnen das, was wir tagsüber beobachten, als ›die Wirklichkeit‹ und sind stolz auf unseren ›Realismus‹, der uns in die Lage versetzt, sie so geschickt zu handhaben . . . Aber trotz all der merkwürdigen Eigenschaften, sind unsere Träume – solange wir träumen – für uns ebenso wirklich wie nur irgendein Erlebnis unseres wachen Lebens. Im Traum gibt es kein ›als ob‹. Der Traum ist gegenwärtiges, reales Erleben, und das so sehr, daß er uns zwei Fragen nahelegt: Was ist Wirklichkeit? Woher wissen wir, daß das, was wir träumen, unwirklich, und das, was wir wachend erleben, wirklich ist? Ein chinesischer Dichter hat das treffend ausgedrückt: ›Ich habe letzte Nacht geträumt, ich sei ein Schmetterling, und jetzt weiß ich nicht, ob ich ein Mensch bin, der träumt, er sei ein Schmetterling, oder ob ich vielleicht ein Schmetterling bin, der jetzt träumt, er sei ein Mensch.‹«[8]

Wer sich mit traditioneller Psychoanalyse beschäftigt, steht »tagsüber« immer wieder in der Versuchung, Träume analysieren zu wollen (oder zu sollen?); sie *nicht* als eine andere Realität, eine Realität der Nacht zu akzeptieren; sie *nur* als Bild eines latenten, auf Kindheit bezogenen Inhalts zu deuten, nicht als etwas über diesen Zusammenhang Hinausgehendes. Warum aber sollten Träume nicht als »Nacht-Seite« des Selbst akzeptiert werden können, als eine Geschichte, die nicht nur für ein unerledigtes Trauma aus der Kindheit steht? Warum sollte in den

Träumen nicht ein archetypischer Gehalt stecken, ähnlich wie in Mythen, der in keinem Widerspruch zur »Rationalität« des Tages stehen muß und ein allgemeinmenschliches Thema, eine Frage oder gar eine Antwort enthält? Warum sollten in unseren Träumen und in unserer Faszination für Mythologie und Abenteuer nicht Themen enthalten sein, über die wir uns eigentlich ebenso rational verständigen könnten wie über die Dinge des »Tages«?

Die psychoanalytische Theorie Freudscher Prägung hat vieles, was sich im Traum verschleiert ausdrückt, der Aufklärung zugänglich gemacht und damit gezeigt, daß und wie man sich rational mit Phantasie beschäftigen kann. Aber hat sie der Tatsache größere Beachtung zugemessen, daß sie sich in dieser Aufklärung mythologischer Bilder bedient, also ihre Aufklärung über Mythologie vollzieht (Narzißmus, Ödipuskomplex usw.) und dennoch in der Beziehung zur Kindheit verharrt? Ist sie nicht in diesen Strukturen erstarrt, unfähig, in ihnen verborgene Antworten zu sehen, die über eine »neue« alte Kategorisierung von Beziehungsstrukturen hinausweisen? Hat sie hinreichend aufgeklärt, warum sich im Zeitraum von Jahrtausenden die Träume kaum gewandelt haben? Oder kann die traditionelle Psychoanalyse etwa Antworten auf die Fragen geben: Woher komme ich, wohin gehe ich, und was habe ich hier auf der Welt zu tun?, wie sie in vielen Mythen thematisiert werden? Schließlich: Was haben mythologische Bilder in der pädagogischen Praxis, und was hat die Verwendung uralter Symbole im Umgang miteinander mit der »Rationalität« politischen Geschehens zu tun?

Politisch engagierte Menschen verstehen sich allgemein als rational denkende und handelnde. Ein Blick auf aktuelle politische Prozesse läßt in mir jedoch die Frage entstehen: Gibt es überhaupt etwas Irrationaleres als Politik? C. G. Jung schreibt dazu:

»Unsere Welt ist dissoziiert wie ein neurotischer Mensch, wobei der Eiserne Vorhang die symbolische Trennungslinie bildet. Der westliche Mensch sieht sich angesichts des östlichen, aggressiven Machtwillens gezwungen, außerordentliche Verteidigungsmaßnahmen zu ergreifen; gleichzeitig brüstet er sich mit seiner Tugend und seinen guten Absichten. Er bemerkt jedoch nicht, daß ihm seine eigenen Laster, die er mit guten internationalen Manieren verdeckt hat, von der kommunistischen Welt systematisch wieder zu Gesicht gebracht werden. Was der Westen toleriert hat, wenn auch nur insgeheim und etwas verschämt (die diplomatische Lüge, systematische Täuschung, verhüllte Drohungen), kommt im Osten ganz offen ans Licht; dem westlichen Menschen grinst von der anderen Seite des Eisernen Vorhangs sein eigener böser Schatten entgegen. Diese Sachlage erklärt das Gefühl der Hilflosigkeit bei so vielen Menschen in westlichen Gesellschaften. Sie haben angefangen zu begreifen, daß unsere Schwierigkeiten moralischer Art sind und wir sie nicht durch eine Anhäufung nuklearer Waffen und durch wirtschaftlichen ›Wettbewerb‹ lösen können. Viele von uns verstehen heute, daß moralische und geistige Mittel wirksamer wären, weil diese uns gegen die immer mehr zunehmende Infektion immun machen könnten. Aber alle derartigen Versuche haben sich bisher als untauglich erwiesen und werden es bleiben, solange wir uns selbst und der Welt einzureden versuchen, nur *sie* (d. h. unsere Gegner) seien im Unrecht. Es wäre sinnvoller, einen wirklich ernsthaften Versuch zu unternehmen, unseren eigenen Schatten und seine üblen Taten zu erkennen. Wenn wir unseren Schatten (die dunkle Seite unseres Wesens) sehen könnten, wären wir immun gegen jede moralische und geistige Anfechtung. Wie die Dinge jetzt liegen, sind wir jeder Ansteckung ausgesetzt, weil wir praktisch genau das gleiche tun wie *sie*. Nur haben wir noch den zusätzlichen Nachteil, daß wir weder sehen noch verstehen wollen, was wir selber unter dem Deckmantel des guten Benehmens tun. Die kommunistische Welt besitzt einen großen Mythos (den wir eine Illusion nennen, in der vagen Hoffnung, unser überlegenes Urteil würde ihn zum Verschwinden bringen). Es ist der alte archetypische Traum von einem goldenen Zeitalter oder Paradies, wo alles für alle im Überfluß vorhanden ist und ein großer, gerechter und weiser Herrscher einen menschlichen Kindergarten regiert. Dieser mächtige Archetyp hat sie in einer infantilen Form ergriffen, aber er wird nicht beim bloßen Anblick unseres überlegenen Standpunktes verschwinden. Wir unterstützen ihn sogar noch durch unsere eigene Kindlichkeit, denn unsere westliche Welt befindet sich im Griff derselben Mythologie. Unbewußt hegen wir genau die gleichen Vorurteile, Hoffnungen und Erwartungen. Auch wir glauben an den Wohlfahrtsstaat, an einen Weltfrieden, an die Gleichheit aller Menschen, an Menschenrechte, an Gerechtigkeit, Wahrheit und (sagen wir es lieber nicht zu laut) an das Reich Gottes auf Erden.«[9]

Versuche, mit rationalen Mitteln, wie sie politischen Strategien immer unterstellt werden, der »Macht des Schattens« zu trotzen und der »Hölle der Nacht« (nicht zuletzt im Alptraum Krieg) zu entgehen, hat es immer gegeben. Aber: Von 1656 Versuchen, Kriege zu verhüten, sind 1640 erfolglos geblieben.[10] Der Falkland-Konflikt zwischen England und Argentinien (Titel des Magazins »Der Spiegel«: Der absurde Krieg) ist sicherlich nicht das erste und wahrscheinlich auch nicht das letzte Beispiel dafür. Und apokalyptische Visionen vor militärischen Auseinandersetzungen oder gar internationalen Kriegen sind auch nichts Neues.

Irrationales in der Politik ergibt durchaus einen »rational« nachvollziehbaren Sinn, wenn man die psychoanalytische Sichtweise (die unbewußte Fixierung kindlicher Wahrnehmungs- und Erlebnisweisen) auf das Verhalten von Staaten (d. h. von führenden Gruppen oder Personen) oder Gesellschaften zueinander überträgt. Dabei kommt z. B. heraus, daß ohne große Probleme in der politischen Diskussion die Weltpolitik auf ein Drei-Personen-Drama reduziert wird: Die böse Sowjetunion (»der Russe«) und der gefährlich mächtige Verbündete USA müssen von uns, dem schwachen, aber cleveren westlichen Bündnispartner so versöhnt werden, daß Unheil zwischen den beiden nicht über uns hereinbricht.

So fragt z. B. Alfred Mechtersheimer in der ZDF-Sendung »Pro und Contra Neutronenwaffe« Hans Egon Bahr, den Abrüstungsexperten der SPD: »Herr Bahr, von Ihnen stammt ja das auch heute schon zitierte Wort (Bahr stöhnt), daß die Neutronenbombe ein Symbol ist, heißt es genau, wie ich nachgelesen habe, ein Symbol der Perversion des Denkens ist. Aber Sie haben in jüngster Zeit auch anderes gesagt, was ich hier nennen möchte: Die Menschen kriegen Angst vor ihren Beschützern. Was heißt das?«

Bahr: »Das heißt, daß die beiden Supermächte nach den Äußerungen aus beiden Hauptstädten überlegen, wie ein Krieg zu gewinnen ist. Und wenn *ich* in Moskau und Washington *säße, würde ich das auch überlegen müssen*. Und daß die Möglichkeit nachzudenken über einen Krieg zu gewinnen, natürlich in einem Gegensatz steht zu der Lage von Menschen und Völkern in der Mitte Europas. Wir müssen den Krieg vermeiden, das ist unsere

Existenzfrage, und können nicht überlegen, wie man ihn gewinnt. Und deshalb gibt es eine Unterschiedlichkeit der Interessen. Das steckt dahinter.« (Publikum klatscht).

Klingt nicht hier eine Analogie zur Wahrnehmung des Kindes zwischen zwei sich todernst streitenden Eltern an?[11] Ich will nicht weiter darauf eingehen, ob eine solche Übertragung methodisch zulässig ist. Dennoch steckt viel Plausibilität in der Behauptung, daß sich Staaten in der Regel wie kleine Kinder benehmen, (sofern sich ein Staat überhaupt benehmen kann).

Gewiß kann man Irrationales bis zu einem bestimmten Grad mit Ratio aufklären, wie etwa die Psychoanalyse es versucht. Traditionelle psychoanalytische Erklärung (oder besser: Aufklärung) mit mythologischen Mustern reicht bis zu den Wurzeln der Kindheit. Sicher ist es auch wieder irgendwie die Kindheit von Vater und Mutter, die den Grundstein für die Irrationalität der vorhergehenden Generation gelegt hat. Hier geht zwar die Psychohistorie (eine Vermittlung von Geschichtswissenschaft und Psychoanalyse) in systematischen Aufklärungsversuchen weiter, etwa in der Art, wie sie Lloyd de Mause mit seinem Buch »Hört ihr die Kinder weinen?« in Deutschland vorgestellt hat. Aber geht die Psychoanalyse in ihrer traditionellen Konzeption weit genug? Stockt sie nicht da, wo ihre jeweiligen »Verwalter« Angst bekommen, den nächsten Schritt zu tun? Zum Beispiel, indem sie die Lebensgeschichte »hinabsteigt« (parallel zum »Hinabstieg« in die Mythologie) und Halt macht bei dem »Tor« der Geburt? Warum macht sie dort Halt? Geht es nicht weiter? Wenigstens doch biologisch! Aber: Die pränatalen Psychologen gelten bei den traditionellen Psychoanalytikern als »Spinner«. Vielleicht haben sie einfach weniger Angst! Und weiter: Was liegt vor der pränatalen Phase? Welche Bedeutung hat die Beziehungskonstellation, in die ein Kind »konzipiert« wird?

Ich will solchen Fragen nicht weiter nachgehen, wenn mir auch in Erinnerung ist, daß die Mythologie sehr viele »Aufgaben« vorstellt, in die jemand hineingeboren wird. Mir kommt es nur darauf an aufzuzeigen, daß rationale Aufklärung etwa psychoanalytischer Natur, wie sie inzwischen auch von *fort*schrittlicher

Seite als bedeutsam für die politische Bildung akzeptiert wird (obwohl sie doch in der Lebensgeschichte »*zurück*schreitet«), höchst willkürliche Grenzen setzt. Und ich will hier auch nicht näher auf Material aus wissenschaftlicher Beschäftigung mit vorgeburtlichen Erfahrungen eingehen, obschon es einen außerordentlich »rationalen« Eindruck über Motive politischen Handelns vermitteln könnte, und ebenso wie die bisherigen psychoanalytischen Theorien reichlich Analogien zur Mythologie enthält.[12]

Über solche wissenschaftlichen Anlässe hinaus frage ich mich aber, wieso es bei aller Rationalität in politischen Ereignissen den immer gleichen Wechsel zwischen Krieg und Frieden gibt wie den immer gleichen Wechsel zwischen Tag und Nacht. So wie in der Pädagogik ähnliche Polaritäten bestehen, etwa zwischen dem »guten« und dem »bösen« Kind? So wie es in der politischen Aufklärung das »richtige« und das »falsche« Bewußtsein gibt? So wie in der Mythologie in der Vermittlung zwischen Gut und Böse die Aufgabe liegt, die zur Erlösung führt? Wenn politische Bildung – verstanden als Versuch, Rationalität in der Wahrnehmung und Beurteilung politischer Prozesse zu fördern (»Mobilisierung von Aktionswissen«)[13] – davon ausgeht, muß sie sich auf diese (scheinbar moralischen) Polaritäten einlassen: Damit es etwas Gutes geben kann, *muß* es etwas Böses geben (ist dies nicht häufig der politische Gegner oder gar der Feind? Traut man ihm nicht all das Schlechte zu, das man sich selbst nicht zutraut?). Damit es das Rationale geben kann, *muß* es das Irrationale geben. Muß es dann nicht, damit es Frieden geben kann, Krieg geben? Oder für diejenigen, denen die Definition »Frieden = Abwesenheit von Krieg« zu eng ist: Muß es nicht, damit es Frieden geben kann, Gewalt, Unterentwicklung, Unterdrückung usw. geben?

»Traurige Wahrheit ist, daß das Leben des Menschen aus einem Komplex unerbittlicher Gegensätze besteht – Tag und Nacht, Geburt und Tod, Glück und Unglück, Gut und Böse. Wir sind nicht einmal sicher, ob eins über das andere die Oberhand gewinnen wird, ob das Gute das Böse oder die Freude den Schmerz besiegen.«[14]

Aufklärung (auch psychoanalytische) hat in der gesamten Geschichte der Menschheit noch nicht verhindern können, daß einzelne Menschen, Gruppen oder Völker dem »Untergang« entgegenstrebten, während andere als »Helden«, Retter des »Westens« oder ganz allgemein als die »Guten« gefeiert wurden. Und auch aufgeklärte Menschen unserer Tage folgen ihren politischen Führern – nicht allein aus einer autoritativen Einstellung heraus, sondern weil diese Führer einen Weg gehen, der im Guten wie im Bösen irgendwie ebenso beispielhaft ist wie der Weg einer mythologischen Figur, die stellvertretend (in der Phantasie) in der Erledigung ihrer Aufgaben ihre Erlösung oder Verdammung findet. Man braucht kein differenziertes analytisches Verständnis, um diese Figur in den alltäglichen »Geschichten« (vom Kinofilm bis zur Präsentation der Nachrichten) in der gleichen Aktualität aufzuspüren wie vor zigtausend Jahren.

Die Erlösung der Prinzen und Prinzessinnen

Welch elementarer Symbolik wir Menschen uns auch heute noch bedienen, um unser Verhältnis zueinander auszudrücken und zu organisieren, möchte ich mit einer Erfahrung demonstrieren, die ich mit Lehrern gemacht habe. Mir erscheinen diese Lehrer, jeder auf seine Weise, nicht weniger »rational« oder aufgeklärt was politische Bildung betrifft, als ich selbst. Sie befanden sich unter meiner Leitung bereits seit mehreren Tagen auf einem Wochenseminar zum Thema »Soziales Lernen in der Schule« und hatten eine ganze Reihe erfolgloser »rationaler« Versuche gemacht, sich mit diesem Thema zu beschäftigen. Zum Zeitpunkt des Ereignisses, das ich berichten möchte, verleugnete die Gruppe unbewußte Motive in sozialen Prozessen und erhoffte sich Erkenntnisfortschritte zum Problem der Lösung sozialer Schwierigkeiten in der Schulklasse durch »soziale Lernspiele«. Sie wollte an sich selbst eine »soziale Lernerfahrung« machen und griff daher dankbar den Vorschlag einer Teilnehmerin auf, ein solches Spiel einmal auszuprobieren: das Bauklötzespiel[15]: Die Gruppe sitzt im Kreis. Jeder erhält fünf Backsteine. Es soll nicht gesprochen werden. Die Aufgabe besteht darin, in der Mitte des Kreises ein gemeinsames Bauwerk zu errichten. Es darf jeweils nur einer von seinem Platz aufstehen und seinen Backstein anlegen oder auftürmen. Erst wenn dieser wieder sitzt, darf der nächste aufstehen.

Während eine Teilnehmerin, Gudrun, die Regeln erklärte, entstand ziemliche Konfusion: Mehrere Teilnehmer fragten immer wieder, wie sie sich nun verhalten sollten, bis die Regeln endlich geklärt waren. Zunächst legten vier Frauen Steine in einer Kreisform. Der fünfte Stein, von einem Mann gelegt, ließ den Kreis offen und türmte auf. Dann folgten Steine von weiteren Männern, einer, Manfred, stellte seinen Stein in die Mitte des Kreises senkrecht. So entstand nach und nach ein komplexes Bauwerk.

Nach Beendigung des Spiels saß die Gruppe sprachlos vor ihrem Gebilde. Dagmar begann die Reflexion über die Spielerfahrungen mit einer Abfrage, was die einzelnen beim Bau erlebt hatten. Dies brachte einen Konflikt zwischen Claudia und Erwin, zwischen Erwin und der Gruppe (Erwin legte zwei Steine auf einmal) hervor, ohne daß Gudrun etwas zu diesen Konflikten sagte. Bei weiteren Reflexionsversuchen wurde Gudrun ebenfalls nicht für eine Interpretation in Anspruch genommen. Diese Reflexionsphase endete in einer Ratlosigkeit. Etwas angespannter wurde die Diskussion, als Claudia noch einmal offen ihren Ärger über das Spielverhalten von Erwin zum Ausdruck brachte. Er hätte in die Türöffnung von ihr einen Stein gelegt, was sie sehr wütend gemacht hätte. Nach einer kleinen Pause fuhr sie fort: »Mit dir möchte ich nicht mehr spielen.« Erwin hörte sich die Kritik an und blieb so ruhig, daß Claudia plötzlich sagen mußte: »Ach, jetzt könnte ich eigentlich doch wieder mit dir spielen.« Ich erlebte diese Entwicklung als ein erstes Geplänkel, die Beziehungen und Störungen, die in der Gruppe bisher un- oder vorbewußt abliefen, offen und ernsthaft zu klären, ohne daß ich selbst in

dieser Richtung irgendeine (pädagogisch-rationale) Intervention machen mußte.
Während der weiteren Reflexionsversuche über das Bauklötzespiel wurde der Wunsch in der Gruppe stark, sich den Videofilm anzuschauen, den ich von dem Spiel aufgezeichnet hatte. Dagmar und Inge bestanden darauf, die Beobachtungen zu systematisieren und verschiedene Beobachtungsaufgaben zu verteilen. Gerhard versuchte, wenig überzeugend, zu widersprechen. Nicht ganz einstimmig verteilte die Gruppe verschiedene Beobachtungsaufgaben: Es sollte notiert werden, wer welche Steine senkrecht, welche waagerecht gestellt, wer nach wem welchen Stein gesetzt, wie ich die Kameraführung gemacht hatte; ein Gesamteindruck sollte ermittelt werden. Nach einer Pause scharte sich die Gruppe mit Papier und Bleistift um den Fernsehmonitor. Ich hatte den Eindruck einer Anatomievorlesung: die Studenten sitzen mit Skalpellen vor dem Körper. Es herrschte eine ausgesprochen ernste und arbeitsame Atmosphäre. Während der Film lief, machten die Teilnehmer ihre Striche.
Nach der Vorführung teilten sich die Gruppenmitglieder ihre Daten mit, konnten aber absolut nichts damit anfangen. Es entstand die gleiche Ratlosigkeit wie zu Beginn der Reflexion. Es war weder eine Systematik erkennbar, noch war es gelungen, irgendeine Sinnhaftigkeit des Bauprozesses zu entdecken. Dagmar, die das stärkste Lerninteresse an diesem Spiel hatte, schaute mich verzweifelt an. Daraufhin teilte ich der Gruppe die Zusammenfassung meiner Beobachtungen mit: Die Frauen bauen vorwiegend runde Gebilde (waagerecht oder senkrecht, vor allem Tore), die Männer senkrechte. Drei unterschiedlich hohe und dicke Türme stehen vor drei Männern, wobei mir unklar sei, wieso es nur drei Türme seien. Meine Vermutung: der dickste, aber kleinste Turm erscheint mir als ein »Dreimännerturm«.
Nach dieser Deutung machte Manfred einen außerordentlich verblüfften Eindruck, die Frauen reagierten mit totaler Abwehr: so etwas könne ja nur ein Mann sagen. Das sei ja lächerlich, alles mit der phallischen Symbolik zu erklären. Die übrigen Männer waren erstaunlich ruhig. Manfred äußerte, er fühle sich gar nicht

als Mann, ihm sei schon sehr klar, warum er keinen Turm habe. Gerhard, vor dem der höchste Turm stand, wirkte sehr nachdenklich und äußerte plötzlich zu Inge, daß er sie sehr sympathisch finde und gerne mit ihr schlafen würde. Daraufhin äußerte Fritz, der ebenfalls neben Inge saß, auch er empfinde ihr gegenüber starke Sympathie. Mit Gerhard versuchte er zu klären, ob es sich bei ihnen um verschiedene Aspekte von Sympathie handelte. Es wirkte auf mich wie ein Abklären, ob sie gegeneinander kämpfen müßten oder sich arrangieren könnten. Dann äußerte sich Robert (vor dem der Dreimännerturm stand), was er die ganze Zeit schon haben sagen wollen: Die Frauen empfände er als sehr kalt. Er habe häufig das Bedürfnis gehabt, einfach nur einmal so von ihnen gestreichelt zu werden, sich aber nicht an sie herangetraut.

Die Frauen reagierten zwar immer noch abwehrend, nahmen aber die Äußerungen der Männer an und setzten sich mit ihnen auseinander. So gab Inge die Sympathiekundgebungen an Fritz und Gerhard jeweils unterschiedlich zurück, während Claudia und Dagmar ihre Bereitschaft äußerten, Robert gebenüber zärtlich zu sein. Dann stritten sich Claudia und Inge um ihren jeweiligen Anteil an dem Bauwerk von Gerhard. Inzwischen waren einige Fragen an Gudrun, die Spielleiterin, gegangen, die jedoch keine Antwort gegeben hatte. Auf mich machte sie den Eindruck, als fühle sie sich erniedrigt. Nach einer Weile äußerte sie, daß sie das Bauwerk gerne zum Einsturz bringen würde. Offenbar war sie sehr wütend, wie wenig sie an den nun so wichtigen Auseinandersetzungen (durch ihren eigenen Ausschluß aus der Phantasieebene der Gruppe) teilhaben konnte. Danach war die Gruppensitzung zu Ende. Im anschließenden Freizeitbereich waren die Teilnehmer jedoch unentwegt am Klären ihrer gegenseitigen Beziehungen. Selbst Inge, die meine Deutung am stärksten abgelehnt hatte, ließ sich auf Angebote der Männer ein und machte selbst Angebote.

Lehrer bauen Türme, Lehrerinnen Tore oder Kreise. Anschließend unterhalten sie sich über ihre gemeinsamen positiven Gefühle. Und in der gemeinsamen »Gestalt« der Gruppe, die sich mit Turm und Tor uralter Bilder bedient, drücken sich die Phantasien von Zuneigung und Liebe aus, die die Teilnehmer über- und gegeneinander haben. Analogien zu diesen Bildern habe ich in den Phantasien von Ablehnung und Haß bei Jungen und Mädchen – ganz besonders zum Thema Krieg – immer wieder gefunden: Jungen malen Panzer mit aufgerichteten Rohren die schießen, während Mädchen Angst haben, daß die Soldaten mit Gewehren in die Keller der Häuser eindringen. Und diese Angst erinnert mich wieder an die Äußerungen von Claudia aus dem Lehrer-Bauklötzespiel, die wütend über Erwin war, weil er einen Stein in ihn »Tor« gelegt hatte.

Wer als Pädagoge solche Analogien zuläßt, wer sich für Symbole, Mythen und Träume »öffnen« kann, der ist auf dem Weg, die Phantasie als Phantasie und die Wirklichkeit als Wirklichkeit zu begreifen. Für ihn existieren in seinen Kindern und in sich selbst beide Welten, die der Imagination, des Irrationalen als eine ebenso starke Antriebskraft (auch zu politischem Handeln) und die des Intellekts, des Rationalen. Er kann das, was sich ihm in pädagogischer Praxis und im politischen Alltag präsentiert, als einen Teil von sich selbst – im »Guten« wie im »Bösen« – entdecken und damit leben, ohne das eine im Kampf mit dem anderen vernichten zu müssen.

Das »Unaussprechliche« aber erscheint in diesem Beispiel vermittelt über Symbole und Prozesse, die zeitlos sind. Ich brauche mich nur in Politik, Geschichte und unserer rationalen Architektur hier und heute umzuschauen, um sie überall wiederzuentdecken.

Plädoyer für die Versöhnung von Polaritäten

Wenn aber solche aus der Geschichte hinlänglich bekannten Symbole und die Kräfte, die schon in der Antike die Menschen bewegt haben, auch heute am Werk sind, dann *müssen* sie Gegenstand politischer Bildung sein. Ohne sie bleibt politische Bildung eine »halbe« Sache, so wie ein endloser Tag, eine Welt voller Bösewichte; wie Männer ohne Frauen. In einer Zeit, in der sich die Sozialwissenschaften dem Subjekt zugewandt haben, seinen Affekten und der Bedeutung unbewußter Motive in politischen Prozessen, und in dem Empathie gar zu einem »Forschungsinstrument« geworden ist (wie es George Devereux in seinem Buch »Angst und Methode in den Verhaltenswissenschaften« entfaltet), kann sich auch politische Bildung nicht mit der Hälfte zufriedengeben. Denn dort, wo politische Bildung sich den subjektiven Lerninteressen zuwendet, beschäftigt sie sich mit Menschen, die unteilbar sind – wenn auch scheinbar geteilt in einen Teil, der »spinnt« (die geheimen Phantasien über das Leben mit allem Aberglauben) und einen, der an eine rationale Theorie über politische Verhältnisse oder politisch-pädagogische Ziele glaubt.

Sich mit der Nacht- oder Schattenseite pädagogischer und politischer Prozesse zu befassen, erscheint mir vor allem dann nötig, wenn das Erfinden immer neuer pädagogischer und politischer Formeln für politische (paradiesische) Ziele eher wie eine Beschwörung der »bösen« Realität anmutet als ein rationaler Versuch ihrer Beeinflussung. So z. B. aus einem aktuellen Entwurf Hessens und Nordrhein-Westfalens zur *Friedens*erziehung in der Schule: »Die Erziehung soll Heranwachsende befähigen, als mündige demokratische Bürger zu einer aktiven und kritischen Mitgestaltung der Friedenspolitik in der Lage zu sein«. Und so eine GL-Lehrerin über sich und ihre Schüler (heranwachsende Gymnasiasten!): »Aufgefallen ist mir, daß die (Kriegs-) Angst der Schüler daraus resultiert, sie könnten nicht mitentscheiden, sie könnten selbst nichts machen. Daher ihre verzweifelten Versuche, immer wieder deutlich zu machen, daß man selbst etwas tun muß. Aber die Schüler schieben das immer wieder auf die *›anderen‹*, die sich schon etwas einfallen lassen werden. Das hängt sicher mit der Resignation zusammen, aber es ist natürlich auch *mein eigenes* Problem. Ich kann ihnen nicht klarmachen, daß wir in einer funktionierenden Demokratie leben, in der man was erreichen kann. Da bin ich selbst nicht überzeugt von. Ich habe auch keine Lösungsvorschläge.«[16]

Es sind immer die anderen, die einen nicht lassen oder die es für einen machen sollen: Die anderen sind das »Übel«! Und die »anderen«? Ihre immer neuen Anstrengungen, auf die einen einzuwirken, gleichen fatal den Zaubereien sogenannter Primitiver, das Wetter zu beeinflussen. Warum sonst machen sie nicht ihre Resignation als Ausdruck eines vergeblichen Kampfes gegen den »Schatten« zum Ausgangspunkt rationaler Überlegungen? Daß – nebenbei gesagt – die Tagespolitik umgangssprachlich mit dem Wetter in Verbindung gebracht wird (politische Großwetterlage, tagespolitisches Klima usw.), wäre im Zusammenhang mit mythologischen Spuren möglicherweise ein ebenso fruchtbares Feld wie die Suche nach ökonomischen Zusammenhängen in politischen Prozessen.[17]

In den Tendenzen, den anderen die Beseitigung der »Übel« zuzumuten, für die man sich selbst nicht verantwortlich hält und die im Kampf gegeneinander zu Polarisierungen und letztlich zur Gewalt führen, könnte politische Bildung im Rückgriff auf Mythologie als Verständnismittel viel zur Versöhnung der Polaritäten beitragen (der Polaritäten wie Legalität und Legitimität z. B. in ökonomisch/ökologischen Auseinandersetzungen), der Männer mit den Frauen (z. B. in der Herrschaft der einen über die anderen), des »Tages« mit der »Nacht«, des Lebens mit dem Tod, der Friedenshoffnung mit der Kriegsangst. Noch einmal Erich Fromm:

»Tatsächlich sind sowohl Träume wie Mythen wichtige Mitteilungen *von uns selbst an uns selbst*. Wenn wir diese Sprache nicht verstehen, verlieren wir einen großen Teil von dem, was wir in den Stunden wissen und uns sagen, in denen wir nicht damit beschäftigt sind, die Außenwelt zu beherrschen.«[18]

Anmerkungen

Das Böse im Getto

[1] *Kroll, W.* (Hrsg.): Paulys Realenzyklopädie der klassischen Altertumswissenschaft. 7. Bd. Stuttgart 1972, S. 1648ff.
[2] *Elias, N.:* Der Prozeß der Zivilisation. Bd. 1. Frankfurt 1977, S. 266.
[3] Ebenda, S. 273.
[4] *Bandmann, G.:* Mittelalterliche Architektur als Bedeutungsträger. Berlin 1951.
[5] *Elias, N.:* Der Prozeß der Zivilisation. Bd. 2. Frankfurt 1977, S. 325.
[6] *Dürr, H. P.:* Traumzeit. Frankfurt 1978. S. 84.
[7] Zit. nach SPIEGEL 35/1982, S. 89.
[8] *Dürr, H. P.:* Traumzeit. Frankfurt 1978, S. 53/54.
[9] Märchen aus 1001 Nacht. Bayreuth 1978, S. 66.

Märchen zum Überleben

[1] Entnommen aus: *Brüder Grimm:* Kinder- und Hausmärchen. Gesamtausgabe in zwei Bänden, Band 1. dtv, München 1984, S. 134–139.
[2] Keilschriftfragment aus dem 7. Jh. v. Chr.; Bibliographie Walter Scherf, *Lexikon der Zaubermärchen,* Stuttgart 1982, S. 374f.

Magie und Empathie

[1] Das Wissen um die ursprünglichen Namen spielt in der Mystik der Kabbala eine entscheidende Rolle, wie überhaupt in der Magie. Erst die Kenntnis der wirklichen Namen z. B. von Dämonen, die im magischen Ritual beschworen werden sollen, gibt dem Magier auch Macht über diese. Mit Hilfe ihres Namens kann er Worte der Macht, Machtworte, aussprechen, die das Unheimliche (vgl. *Freud* 1919) bannen. (Zur Bedeutung und Funktion der Namen für die Bewältigung des Unbekannten vgl. *Blumenberg* 1979, S. 40ff.)
[2] *Finger* spricht deshalb vom »coenästhetischen Dualselbst«, in dem Selbst und (Mutter-)Objekt magisch-empathisch vereinigt sind.

[3] Dies ist natürlich keine Heilung im Sinne einer ichgerechten Konfliktlösung. Die Intervention sollte dem Klienten einen Teil der »Macht« des Therapeuten überlassen, bis Fritz selbst in der Lage war, seine inneren Schreckensgestalten besser zu integrieren. (Dies ganz so, wie es auch Eltern durch Fürsorge und Schutz für ihre Kinder tun.) Die Therapie war damit selbstverständlich nicht abgeschlossen, viel bedrohlicher waren ja Fritz' verschleierte Suizidversuche, die Unfälle. Die magische Münze verlor auch sehr bald an Bedeutung für Fritz in dem Maße, wie er sukzessive seine Ängste beherrschen lernte. Heute (zwei Jahre später) kann sich Fritz nur noch dunkel an die Geschichte erinnern. Die Münze selbst war bald irgendwo verschwunden, hatte also ihre Bedeutung verloren.

[4] Tatsächlich handelt es sich bei der Mehrzahl der Kinder um solche, die als sozial benachteiligt beschrieben werden müssen (Angehörige von Randgruppen, stark belastende Erfahrungen in der Familie usw.). Viele von ihnen waren in der Tat umfassenden und sicher oftmals traumatischen Trennungserfahrungen und auch der mangelnden Zuverlässigkeit der primären Beziehungspersonen ausgesetzt.

[5] Ein zugegebenermaßen extremes Beispiel hierfür findet sich bei den stereotypen Ritualen und Zwangshandlungen autistischer Kinder (vgl. z.B. *Bettelheim* 1977; *Finger* 1982; *Leber* 1976; *Schmauch* 1977).

[6] Vgl. hierzu auch *Neidhardt*s interessante Versuche mit seinem Märchenunterricht (1977). Ebenso *Reisers* Überlegungen zu einem konfliktverarbeitenden Unterricht (1972).

[7] Auf die magisch wirksamen Elemente in dieser und in vergleichbaren Interventionen, auf die besonders *Zulliger* (vgl. z.B. 1951, 1952, 1966; *Bittner* 1976) immer wieder hingewiesen hat, kann hier nur verwiesen werden.

Sprache als Zauber

[1] Ich beziehe mich auf *Gossen, H. H.:* Chamulas in the World of Sun. Time and Space in a Maya Oral Tradition. Cambridge, Mass. 1974.

[2] Übersetzung durch die Verfasserin.

[3] *Lévi-Strauss, C.:* Strukturale Anthropologie. Frankfurt 1977.

Mythen in der Erziehung

[1] *Piaget, J.:* Theorien und Methoden der modernen Erziehung. Frankfurt 1977, S. 195.

[2] Siehe auch *S. Freuds* Formulierung: »Ein Trieb kann nie Objekt des Bewußtseins werden, nur die Vorstellungen, die ihn repräsentieren.« In: Das Unbewußte, Studienausgabe. Frankfurt 1975, Bd. III. S. 136.

[3] *Rumpf, H.:* Inoffizielle Weltversionen – Über die subjektive Bedeutung von Lerninhalten, in: Z. f. Päd., 25. Jg. 1979, Nr. 2, S. 211.

[4] *Freud, S.:* Über infantile Sexualtheorien, (1908), Studienausgabe. Frankfurt 1972, Bd. V, S. 176.

[5] *Freud, S.:* Die endliche und die unendliche Analyse, (1937), Studienausgabe. Frankfurt 1975, Ergängungsband, S. 372.

[6] *Piaget, J.:* Das Weltbild des Kindes. Stuttgart 1978, S. 285.

[7] *Bornemann, E.:* Sex im Volksmund, Bd. II, § 17. 22.

[8] *Doucet, F. W.:* Taschenlexikon der Sexualsymbole, S. 132.

[9] *Lévi-Strauss, C.:* Strukturale Anthropologie, Frankfurt 1978, Bd. I, S. 247.

[10] *Wuttke, A. A.:* Der deutsche Volksglaube der Gegenwart. Berlin 1900, S. 16.

[11] Ebenda, S. 53.

[12] *Blumenberg, H.:* Wirklichkeitsbegriff und Wirkungspotential des Mythos. In: Fuhrmann, M: Terror und Spiel. München 1971, S. 48.

[13] *Kruse, F.:* Wann beginnt die Kindheit?, in: Kindheit Wiesbaden 1979, 1. Jg., Heft 1.

[14] *Freund, S.:* Vorlesungen zur Einführung in die Psychoanalyse (1916–1917), Studienausgabe. Frankfurt 1969, S. 169.

[15] *Freud, S.:* Die Traumdeutung, Studienausgabe. Frankfurt 1972, Bd. II, S. 391.

[16] *Miller, A.:* Das Drama des begabten Kindes. Frankfurt 1979. S. 58ff.

[17] *Schreiner, H.:* Ethos und Dämonie der Liebe. Gütersloh 1952, S. 99.

[18] *Seelmann, K.:* Kind, Sexualität und Erziehung. München 1960, S. 37.

[19] *Piaget, J.:* Das Weltbild des Kindes. Stuttgart 1978, S. 35.

[20] *Habermas, J.:* Vorbereitende Bemerkungen zu einer Theorie der kommunikativen Kompetenz. In: Habermas, J./Luhmann, N.: Theorie der Gesellschaft oder Sozialtechnologie. Frankfurt 1975, S. 138f.

[21] Handbuch des deutschen Aberglaubens. Berlin/Leipzig 1927, Bd. I, S. 1010f.

[22] *Schell, O.:* Am Urquell. Hamburg 1893/94, Bd. IV, Heft IX/X, S. 224ff. / Bd. V, Heft III, S. 80f., S. 162, S. 254f.; siehe auch *Birlinger, A.:* Aus Schwaben. Wiesbaden 1874, Bd. II, S. 232f.
[23] *Schier, K.:* Überlegungen zur Funktion von Phantasie und Wirklichkeit in Volksmärchen unserer Zeit. In: 3. Jahrbuch für Jugendliteratur. München 1976, S. 51.
[24] *Lévi-Strauss, C.:* Mythologica, Bd. I–IV. Frankfurt 1976; *Propp, V.:* Morphologie des Märchens. Frankfurt 1975.
[25] *Schier, K.*, a.a.O., S. 58.
[26] *Bettelheim, B.:* Kinder brauchen Märchen. Stuttgart 1977.
[27] Ebenda, S. 32ff.
[28] Ebenda, S. 44ff.
[29] Ebenda, S. 44ff.
[30] *Schert, W.:* Ablösungskonflikte in Zaubermärchen und Kinderspiel. In: 3. Jahrbuch des Arbeitskreises für Jugendliteratur. München 1976, S. 95.
[31] *Bettelheim, B.*, a.a.O., S. 106f.
[32] *Scherf, W.*, a.a.O., S. 83ff.
[33] *Bettelheim, B.*, a.a.O., S. 20.
[34] *Devereux, G.:* Normal und Anormal. Frankfurt 1974, S. 34.
[35] Siehe auch *Blumenberg, H.*, a.a.O.
[36] *Lüthi, M.:* Märchen. Stuttgart 1976, S. 94.
[37] *Ortutay, G.:* Principles of Oral Transmission in Folk Culture, in: Acta Ethnographica VI. Budapest 1959, S. 175–221; ders.: Ungarische Volksmärchen. Berlin 1961, S. 48–66; *Dégh, L.:* Some Questions of Social Function of Storytelling, in: Acta Ethnographica VI. Budapest 1957, S. 91–147; dies.: Latenz und Aufleben des Märchengutes einer Gemeinschaft. Rhein. Jb. f. Vk. X, 1959, S. 23–39.
[38] *Bettelheim, B.*, a.a.O., S. 146.
[39] *Lüthi, M.*, a.a.O., S. 94.

Pandoras Büchse

[1] *Greene, L.:* Kosmos und Seele. Frankfurt 1978, S. 11f.
[2] *Giesecke, H.:* Didaktik der politischen Bildung. München 1972, S. 69.
[3] *Büttner, Ch./Koester, U.:* Aus einer Spielgruppenstunde. In: *Rost, D. H.* (Hrsg.): Erziehungspsychologie für die Grundschule. Bad Heilbrunn 1982, S. 255.
[4] »Zeus beschloß, sich an Prometheus für seinen Betrug zu rächen, und versagte den Sterblichen die letzte Gabe, die sie zur vollkomme-

nen Gesittung bedurften, das Feuer. Doch auch dafür wußte der schlaue Sohn des Iapetos Rat. Er nahm den langen Stengel des markigen Riesenfenchels, näherte sich mit ihm dem vorüberfahrenden Sonnenwagen und setzte so den Stengel in glosenden Brand. Mit diesem Feuerzunder kam er hernieder auf die Erde, und bald loderte der erste Holzstoß gen Himmel. In innerster Seele schmerzte es den Donnerer, als er den fernhinleuchtenden Glanz des Feuers unter den Menschen emporsteigen sah. Sofort formte er, zum Ersatz für des Feuers Gebrauch, das den Sterblichen nicht mehr zu nehmen war, ein neues Übel für sie. Der seiner Kunst wegen berühmte Feuergott Hephästos mußte ihm das Scheinbild einer schönen Jungfrau fertigen; Athene selbst, die, auf Prometheus eifersüchtig, ihm abhold geworden war, warf dem Bild ein weißes, schimmerndes Gewand über, ließ ihr einen Schleier über das Gesicht wallen, den das Mädchen mit den Händen geteilt hielt, bekränzte ihr Haupt mit frischen Blumen und umschlang es mit einer goldenen Binde, die gleichfalls Hephästos seinem Vater zulieb kunstreich verfertigt und mit bunten Tiergestalten herrlich verziert hatte. Hermes, der Götterbote, mußte dem holden Gebilde Sprache verleihen und Aphrodite allen Liebreiz. Also hatte Zeus unter der Gestalt eines Gutes ein blendendes Übel geschaffen und nannte sie Pandora, daß heißt die Allbeschenkte; denn jeder der Unsterblichen hatte dem Mägdlein irgendein unheilbringendes Geschenk für die Menschen mitgegeben. Darauf führte er die Jungfrau hernieder auf die Erde, wo Sterbliche vermischt mit den Göttern lustwandelten. Alle miteinander bewunderten die unvergleichliche Gestalt. Sie aber schritt zu Epimetheus, dem argloseren Bruder des Prometheus, ihm das Geschenk des Zeus zu bringen. Vergebens hatte diesen der Bruder gewarnt, niemals ein Geschenk vom olympischen Zeus anzunehmen, damit den Menschen kein Leid dadurch widerführe, sondern es sofort zurückzusenden. Epimetheus, dieses Wortes uneingedenk, nahm die schöne Jungfrau mit Freuden auf und empfand das Übel erst, als er es hatte. Denn bisher lebten die Geschlechter der Menschen, von seinem Bruder beraten, frei vom Übel, ohne beschwerliche Arbeit, ohne quälende Krankheit. Das Weib aber trug in den Händen ihr Geschenk, ein großes Gefäß mit einem Deckel versehen. Kaum bei Epimetheus angekommen, schlug sie den Deckel zurück, und alsbald entflog dem Gefäße eine Schar von Übeln und verbreitete sich mit Blitzesschnelle über die Erde. Ein einziges Gut war zuunterst in dem Gefäß verborgen, die Hoffnung; aber auf den Rat des Göttervaters warf Pandora den Deckel wieder zu, ehe es herausflattern konnte, und verschloß es für immer in dem Gefäß. Das Elend erfüllte inzwischen in allen Gestalten Erde, Luft und Meer. Die Krankheiten irrten bei Tag und bei Nacht unter den Menschen umher, heimlich und schweigend, denn Zeus hatte ihnen keine Stimme gegeben; eine Schar von Fiebern hielt die Erde belagert, und der Tod, früher nur langsam die Sterblichen beschleichend, beflügelte seinen Schritt.« (Zit. nach: *Schwab, G.:* Die schönsten Sagen des klassischen Altertums. Wien/Heidelberg 1951, S. 22f.)

[5] *Nöstlinger, Ch.:* Der kleine Jo. Hannover 1976.

[6] *Miller, A.:* Du sollst nicht merken. Frankfurt 1981.

[7] *Fromm, E.:* Märchen, Mythen, Träume. Stuttgart 1980, S. 13f.

[8] Ebenda, S. 11f.

[9] *Jung, C. G.:* Der Mensch und seine Symbole. Olten 1968, S. 85.

[10] *IDOC-mini-Pamphlet* 1981, S. 39; vgl. auch *Wallace, M. D.:* Old Nails in New Coffins. The Para Bellum Hypothesis Revisited, in: Journal of Peace Research 18/1981, S. 91–95.

[11] *Büttner, Ch./Volmerg, U.:* Apokalypse now? Friedenspolitische Argumente in der Bewährungsprobe, eine sozialpsychologische Analyse. In: *Steinweg, R.* (Red.): Die neue Friedensbewegung, »Friedensanalysen« 16. Frankfurt 1982.

[12] *Gross, W.:* Was erlebt ein Kind im Mutterleib? Freiburg 1982.

[13] *Giesecke, H.,* a.a.O.

[14] *Jung, C. G.,* a.a.O., S. 85.

[15] *Höper, H. J./Kutzleb, U./Stobbe, A./Weber, B.:* Die spielende Gruppe. Wuppertal 1975.

[16] *Büttner, Ch.:* Kriegsangst bei Kindern. München 1982.

[17] Hierzu zwei »Appetithappen« aus Irene Dische: Besichtigung eines Hochs: »Wetter: Ständiges Gesprächsthema bei Leuten, die sich nicht dafür interessieren, aber die Neigung, darüber zu reden, geerbt haben von ihren nackten Vorfahren aus den Wäldern, die es brennend betraf.«
und aus: Karl Markus Michel: Hab Sonne im Herzen, über ein theoretisches Defizit: »Im übrigen aber ist das Wetter – eben wegen seiner Entkollektivierung – *privatisiert.* Zwar ist man nicht mehr unmittelbar, existentiell von ihm abhängig, aber jeder einzelne *spürt* es, das ist nun mal nicht zu leugnen, so sehr es auch bestritten wird. Jeder spürt es, aber das darf er nicht zeigen, er muß – für sich – damit fertig werden. Er muß das Wetter in sich – in seinen Stimmungen und Launen – *beherrschen.* Und er *hat es* (weitgehend) unter Kontrolle; nur deshalb können so viele bestreiten, es überhaupt zu spüren.«
Beide Beiträge in *Michel, K. M./Spengler, T.:* Kursbuch 64, Das Wetter. Berlin 1981.

[18] *Fromm, E.,* a.a.O., S. 16.

Argelander, H.: Gruppenprozesse. Reinbek 1972
Balint, M.: Angstlust und Regression. Reinbek 1972
Bettelheim, B.: Die Geburt des Selbst. München 1977
Biedermann, H.: Bildsymbole der Vorzeit. Graz 1977
Bigras, J.: Gute Mutter – Böse Mutter. München 1975
Bittner, G.: Die »heilenden Kräfte« im kindlichen Spiel. In: *Halbfas, H. u. a.* (Hrsg.): Neuorientierung des Primarbereichs. Stuttgart 1976
Blumenberg, H.: Arbeit am Mythos. Frankfurt 1979
Büttner, Ch./Koester, U.: Na, dann spielt mal schön. In: *AG Grundschule* (Hrsg.): Die Grundschule der achtziger Jahre. Frankfurt 1980
Finger, U. D.: Narzißmus und Gruppe. Frankfurt 1977
Finger, U. D.: Sprachlos – Überlegungen zur Welt des autistischen Kindes. In: *Kindheit* 4/1982, S. 29–38
Freud, S.: Das Unheimliche. In: Gesammelte Werke (GW) VII (1919). Frankfurt 1940ff.
Freud, S.: Jenseits des Lustprinzips. In: GW XIII (1920). Frankfurt 1940ff.
Horkheimer, M./Adorno, Th. W.: Dialektik der Aufklärung. Frankfurt 1969
Klein, M.: Das Seelenleben des Kleinkindes. Reinbek 1972
Kohut, H.: Narzißmus. Frankfurt 1973
Kohut, H.: Die Heilung des Selbst. Frankfurt 1979
Leber, A.: Psychoanalytische Projektseminare in der Ausbildung von Heilpädagogen an der Hochschule. In: *Iben, G.* (Hrsg.): Heil- und Sonderpädagogik. Kronberg/Ts. 1975
Leber, A.: Rückzug oder Rache. In: Jahrbuch der Psychoanalyse. Bd. IX. Bern/Stuttgart/Wien 1976
Leber, A.: Psychoanalytische Gruppenverfahren – Didaktik oder Theorie? In: Gruppenpsychotherapie und Gruppendynamik 12/1977, S. 242–254
Neidhardt, W.: Kinder, Lehrer und Konflikte. München. 1977
Reiser, H.: Zur Praxis der psychoanalytischen Erziehung in der Sonderschule. In: *Leber, A./Reiser, H.* (Hrsg.): Sozialpädagogik, Psychoanalyse und Sozialkritik. Neuwied 1972
Schmauch, U.: Ist Autismus heilbar? Frankfurt ³1981
Schmideberg, M.: Zur Dynamik der durch die Strafe ausgelösten psychischen Vorgänge. In: Zeitschrift für psychoanalytische Pädagogik 5/1931, S. 310–318
Spitz, R.: Vom Säugling zum Kleinkind. Stuttgart ²1969
Trescher, H.-G.: Zur Theorie pädagogisch-psychoanalytischer Gruppenverfahren in der heilpädagogischen Ausbildung. In: *Jantzen, W./*

Müller, U. (Hrsg.): Theorie und Praxis in der Ausbildung. Oberbiel 1978, S. 240ff.
Winnicott, D. W.: Reifungsprozesse und fördernde Umwelt. München 1974
Zulliger, H.: Schwierige Schüler. Bern 1951
Zulliger, H.: Bausteine zur Kinderpsychotherapie. Bern/Stuttgart 1966
Zulliger, H.: Heilende Kräfte im kindlichen Spiel. Stuttgart [6]1979

Bildnachweis

S. 13: Foto: Christine Peyerl, München. – S. 29: Überfahrt am Schrekkenstein bei Aussig von Ludwig Richter. 1837. Bildarchiv F. Bruckmann KG, München. – S. 42: Altsteinzeitliche Felsmalerei aus Altamira, Foto: Wolfgang Mark, München. – S. 81: Illustration von George Cruikshank, Brüder-Grimm-Museum, Kassel. – S. 101: Turmbau zu Babel von Paul Bril. Bayerische Staatsgemäldesammlungen, München.